心理健康教育

主　编　李伟民

副主编　邱丽霞　王春强　邢　狮
　　　　孙　静　黄　挺

北京理工大学出版社
BEIJING INSTITUTE OF TECHNOLOGY PRESS

图书在版编目（CIP）数据

心理健康教育 / 李伟民主编. —北京：北京理工大学出版社，2022.1重印

ISBN 978－7－5682－2434－5

　Ⅰ.①心…　　Ⅱ.①李…　　Ⅲ.①心理健康—健康教育—中等专业学校—教材

Ⅳ.① G479

中国版本图书馆 CIP 数据核字（2016）第 131583 号

出版发行 / 北京理工大学出版社有限责任公司

社　　址 / 北京市海淀区中关村南大街 5 号

邮　　编 / 100081

电　　话 / (010) 68914775（总编室）

　　　　　(010) 82562903（教材售后服务热线）

　　　　　(010) 68944723（其他图书服务热线）

网　　址 / http://www.bitpress.com.cn

经　　销 / 全国各地新华书店

印　　刷 / 定州市新华印刷有限公司

开　　本 / 710 毫米 × 1000 毫米　1/16

印　　张 / 13　　　　　　　　　　　　　　　　　　责任编辑 / 李慧智

字　　数 / 312 千字　　　　　　　　　　　　　　　　文案编辑 / 李慧智

版　　次 / 2022 年 1 月第 1 版第 9 次印刷　　　　　　责任校对 / 周瑞红

定　　价 / 37.50 元　　　　　　　　　　　　　　　　责任印制 / 李志强

　　心理健康教育是中等职业学校学生选修的一门德育课程。本书的编写依照教育部最新大纲，课程以邓小平理论、"三个代表"重要思想、科学发展观为指导，深入贯彻落实党的十八大精神，坚持心理和谐的教育理念，对学生进行心理健康的基本知识、方法和意识的教育，这将有助于提高全体学生的心理素质，帮助学生正确认识和处理成长、学习、生活和求职就业中遇到的心理行为问题，促进其身心全面和谐发展。

　　本书的编写具有以下特色：

　　第一，本书侧重心理素质培养与职业教育培养目标相结合。心理素质是职业教育培养目标的基本要素。本课程要以学生为主体，以职业发展需求为导向，在学生心理素质培养的过程中体现职业教育培养目标。

　　第二，本书既面向全体，又关注个别差异。课程内容面向全体学生，普及心理健康的基本知识，注重各种形式的心理健康教育活动的开展。同时，也重视根据学生心理发展特点有针对性地因材施教，关注个别差异，促进全体学生心理素质的全面提高和身心协调发展。

　　第三，本书将发展与预防、矫治相结合，立足于发展。心理健康教育课程要以促进学生发展为目的，重视培养学生积极的心理品质，主动预防和矫治学生出现的心理行为问题，使学生的心理潜能得到最大发挥。

　　第四，本书重视科学性与实践性相结合，重在体验和调适。在本书的编写过程中，既依据心理健康的理论知识和方法，遵循学生心理发展的特点和规律，强调科学性；同时，又要重视实践性，加强活动和体验环节，让学生在学习中体验、在体验中感悟，提高学生自我调适能力。

　　总之，帮助学生了解心理健康的基本知识，树立心理健康意识，掌握心理调适的方法是本书的根本目的。指导学生正确处理各种人际关系，学会合作与竞争，培养职业兴趣，提高应对挫折、求职就业、适应社会的能力是本书的目标。帮助学生正确认识自我，学会有效学习，确立符合自身发展的积极生活目标，培养责任感、义务感和创新精神，养成自信、自律、敬业、乐观的心理品质，提高全体学生的心理健康水平和职业心理素质，则是本书所期待的成效。希望本书能对成长中的中职朋友有所助益，陪伴你们人生中一段难忘的时光。

编　者

Content s
目录

心理健康基本知识

第一章

教学目标 ◀

1. 使学生了解心理健康的概念和标准，理解中职生心理健康蕴含的成长意义。
2. 树立心理健康意识，掌握一定的心理调适方法，促进学生形成良好的个性心理品质。
3. 树立对心理咨询正确的认识。

教学要求 ◀

认知： 了解心理健康的概念，理解心理健康的标准。

情感态度观念： 关注自己生理和心理发展特点，追求身心的全面协调发展。

运用： 能主动进行心理调适，做积极、乐观、勇于面对现实的人。

第 **1** 课 ▶ 认识心理健康教育

> 幸福是人类存在的唯一目标和目的。
>
> ——亚里士多德
>
> 幸福是一种幻觉，而苦难是真实的。
>
> ——伏尔泰

人的心灵像一幅幅画卷，不同的人在画卷上留下不同的痕迹。
下面的两幅图片给你的感受有什么不同？

如果你的心灵图画是欣欣向荣的花园，充满了鲜花绿草、蝴蝶纷飞，一片生机勃勃，说明你拥有健康的心理。而不健康的心理则像是荒凉的野地或干旱的沙漠，荒凉而没有生机。如何让自己拥有健康的心理并保持心理的健康是我们探寻的目标，让我们一起开始探索吧！

心理故事

俊俊的心理健康吗

俊俊是职业高中旅游专业一年级的一名女生。初中时，由于离家较近，每天放学后就回家。上高中后，由于离家很远，俊俊不得不选择住校。在俊俊所在的308宿舍里，住着来自全市不同学校的8个同学，但除了俊俊外，其他7名同学有说有笑。俊俊既不知道怎么与同学交流，也不知道如何应对宿舍生活，于是一个人躲在阳台上大哭。同学们纷纷过来安慰她，她依然大哭不止。后来，因为母亲没有及时来学校看望她，她就一直在宿舍楼下不回宿舍并对母亲说："我不住校了，否则就退学。"请问：俊俊怎么啦？她的心理健康吗？

面对同样的内容，我们每个人的感受却不一样。发生同样的事情，每个人的感受和采取应对的方式也各不相同。如当面临考试成绩不理想时，有的同学认为自己有上升的巨大空间而发奋学习，有的同学认为自己学习差而感到前途无望，有的同学因担心别人因此而看不起自己而自卑。那你是怎么看待自己的呢？你的心理健康吗？

一、健康的定义

你是否有过和他们一样的经历？这样是健康的吗？

❶ "哎哟！肚子好痛呀！"小明每次考试都会肚子痛或不停地上厕所。

❷ "最近心情不好！只想哭！"小丽最近一个月因为和舍友发生矛盾，总想哭泣。

❸ "我怎么一看书就犯困？"小斌每次看书就想睡觉，对英语单词和数学公式一点兴趣都没有。

❹ "网络世界是我的全部！"小涛成天通宵玩电脑，白天上课睡觉！

如果你认为他们不健康，那什么是真正的健康呢？

健康不仅是没有疾病，而且包括身体健康、心理健康、社会适应良好。身体健康是健康的基础，指人体结构完整，生理功能正常。

世界卫生组织提出的健康的 10 个标准：

❶ 精力充沛，能从容不迫地应付日常生活和工作；

❷ 处事乐观，态度积极，乐于承担任务而不挑剔；

❸ 善于休息，睡眠良好；

❹ 应变能力强，能适应各种环境的各种变化；

❺ 对一般感冒和传染病有一定抵抗力；

❻ 体重适当，体形匀称，头、臂、臀比例协调；

❼ 眼睛明亮，反应敏锐，眼睑不发炎；

❽ 牙齿清洁，无缺损、无疼痛，齿龈颜色正常，无出血；

❾ 头发光泽，无头屑；

❿ 肌肉、皮肤富有弹性，走路轻松。

这 10 个健康标准中，你达到了几个呢？

二、心理健康的定义

根据 1946 年第三届国际心理卫生大会提出的观点，**心理健康是指：身体、智力、情绪调和；适应环境，能在人际关系中彼此谦让；有幸福感；在工作和职业中，能充分发挥自己的能力，过着有效率的生活。**

心理健康包括两层含义：一是无心理疾病；二是具有一种积极向上的心理状态。

心理健康的标准主要有以下 10 条：

❶	了解自我	对自己有充分的认识和了解，并能恰当地评价自己的能力
❷	信任自我	对自己有充分的信任感，能克服困难，面对挫折能坦然处之，并能正确地评价自己的失败
❸	悦纳自我	对自己的外形特征、人格、智力、能力等都能愉快地接纳认同
❹	控制自我	能适度地表达和控制自己的情绪和行为
❺	调节自我	对自己不切实际的行为目标、心理不平衡的状态、与环境的不适应性，能做出及时的反馈、修正、选择、变革和调整
❻	完善自我	能不断完善自己，保持人格的完整与和谐
❼	发展自我	具备从经验中学习的能力，充分发展自己的智力，能根据自身的特点发展自己的人格
❽	调适自我	对环境有充分的安全感，能与环境保持良好的接触，理解他人，悦纳他人，能保持良好的人际关系
❾	设计自我	有自己的生活理想，且理想与目标切合实际
❿	满足自我	在社会规范的范围内，适度地满足个人的基本需求

三、心理健康和不健康的区别

在生活中，常常会听到有人说"心理变态"，那么请你思考：在心理健康"灰色区"示意图上（如图 1-1 所示），哪个区域及往后是"心理变态"？为什么浅灰区不属于"心理变态"？

一般而言，心理正常有健康和不健康之分，而只有 6% 的人属于心理健康，即健康自信、适应能力强；有 84.5% 的人属于心理不健康，即由各种现实事件引起的压力而产生心理冲突。比如，小芳期中考试成绩退步较多，而明天就是家长会，她担心家长知道她的学习成绩后是否会骂他。又如，小斌和同学一起参加暑假兼职的一个面试，而只有小斌没有被录取，他于是怀疑自己是否足够好，为什么自己总是被拒绝。这些压力是由生活中的各种具体事件而造成的，一旦引起压力的事件消失，压力便消失。例如，取消家长会，小芳的压力便消失了；小斌也被录取了，他的压力便消失了。小芳和小斌都属于心理不健康。压力不是由现实事件引起而产生心理冲突，如出现了一些幻觉、妄想等特殊心理现象，是属于心理异常。例如，一位患社交恐惧症的同学，他认为所有的人都不喜欢自己，包括班上的同学、全校的师生，甚至公交车上的所有乘客。而离开了班级、学校、公交车依然认为其他人不喜欢自己，所以他的压力不是由现

图 1-1　心理健康"灰色区"示意图

实事件引起的。例如，一位同学认为自己的牙齿里有人在打架，头脑里有一个人指挥自己，这些都是经现实检验不可能存在的，而是该同学产生了幻觉。所以，由心理健康"灰色区"示意图的深灰以后是心理变态（如图1-2所示）。

图 1-2　心理正常、心理异常示意图

心理正常与异常的区分

郭念锋认为：既然目的是为了区分心理的正常和异常，就应该从心理学角度切入，以心理学对人类心理活动的一般性定义为依据；只有如此，才能使该问题明确化。根据心理学对心理活动的定义，即"心理是客观现实的反应，是脑的机能"，我们有理由提出以下三条原则：

1. 主观世界和客观世界统一性原则

因为心理是客观现实的反映，所以任何正常的心理活动或行为，必须就形式和内容上与客观环境保持一致性，不管是谁，也不管是在怎样的社会历史条件和文化背景中，如果一个人说他看到或听到了什么，而客观世界中，当时并不存在引起他这样感觉的刺激物，那么我们必须肯定，这个人的精神活动不正常了，他产生了幻觉。另外，一个人的思维内部脱离现实，或思维逻辑背离客观事物的规定性，这时我们便说，他产生了妄想。这些便是我们观察和评价人的精神和行为的关键，我们称它为统一性（或同一性）标准，人的精神或行为只要与外界环境失去统一性，必然不能被人理解。

在精神科临床上，常把有无"自知力"作为判断精神病的指标，其实这一指标已涵盖在上述标准之中，"自知力"或"自知力不完整"是患者对自身状态的反映错误，或者说"自我认知"与"自我现实"的丧失。

在精神临床上，还把"有无现实检验能力"作为鉴别心理正常与异常的指标，其实，这一点也包含在上述标准之中，因为若要以客观事实来检验自己的感知和观念，必须以认知与客观现实一致性为前提。

上述标准对鉴别精神分裂症的幻觉、妄想等症状很有效。

2. 心理活动内在协调性原则

人类的精神活动虽然可以被分成认知、情绪情感、意志、行为等部分，但它自身确乎是一个完整的统一体，各种心理过程之间具有协调一致的关系，这种协调一致性保证人在反映客观世界过程中的高度准确和有效。比如一个人遇到一件令人愉快的事，会产生愉快的情绪，手舞足蹈，欢快地向别人述说自己的内心体验，这样我们就可以说他有正常的精神和行为；如果不是这样，一边用低沉的语调，向别人讲述一件令人愉快的事，或者对痛苦的事做出快乐的反映，我们就可以说他的心理过程失去了协调一致性，称为异常状态。

3. 人格的相对稳定性原则

每个人在长期的生活道路上，都会形成自己独特的人格心理特征，这种人格特征一旦形成，便有相对稳定性，在没有重大外界变革的情况下，一个人的个性相对稳定性出现问题，我们也要怀疑这个人的心理活动出现了异常，这就是说，我们可以把人格的相对稳定性作为区分心理活动正常与异常的标准之一，比如一个用钱很仔细的人，突然挥金如土；或有一个待人接物很热情的人，突然变得很冷漠。如果我们在他的生活环境中找不到足以促进他发生改变的原因，那么，我们就可以说，他的精神活动已经偏离了正常轨道。

你知道吗

"5·25全国大学生心理健康节"的由来

2000年，"5·25全国大学生心理健康节"在北京师范大学拉开帷幕，健康节取"5·25"的谐音"我爱我"，意为关爱自我的心理成长和健康，活动的主题是大中学生人际交往和互助问题，口号为"我爱我——走出心灵的孤岛"。此后（2004年）教育部、团中央、全国学联办公室向全国大学生发出倡议，把每年的5月25日确定为全国大学生心理健康日。"5·25"是"我爱我"的谐音，对此，发起人的解释是：爱自己才能更好地爱他人。心理健康的第一条标

准就是认识自我，接纳自我，能体验到自己存在的价值，乐观自信，这样的人才能用尊重、信任、友爱、宽容的态度与人相处，能分享、接受、给予爱和友谊，能与他人同心协力。选择"5·25"是为了让大学生便于记忆，关注自己的心理健康。随后，"5·25大学生心理健康日"在全国的高校得到认同，全国的高校都利用这一天开展着多种形式的心理健康教育活动，甚至认为这一天就是"大学生的心理健康节"。

心理测验

中学生心理健康测试

请仔细阅读每一个题目，每一个题目没有对错之分，请尽快回答，不要在每道题上过多思索。

中国中学生心理健康量表共有60个项目，每个题目后边都有五个等级供你选择，分别按照程度的高低用1、2、3、4、5表示。

1. 无：自觉该项目无问题。

2. 轻度：自觉有该项目问题，轻度出现。

3. 中度：自觉有该项目症状，其程度为中度。

4. 偏重：自觉有该项目症状，其程度为中等严重。

5. 严重：自觉有该项目症状，已达到非常严重程度。

注意：1）每个题目后只能选一个等级，在相应的数字上画圈。

2）每个题目都要答。

	无	轻度	中度	偏重	严重
1. 我不喜欢参加学校的课外活动	1	2	3	4	5
2. 我心情时好时坏	1	2	3	4	5
3. 做作业必须反复检查	1	2	3	4	5
4. 感到人们对我不友好，不喜欢我	1	2	3	4	5
5. 我感到苦闷	1	2	3	4	5
6. 我感到紧张或容易紧张	1	2	3	4	5
7. 我学习劲头时高时低	1	2	3	4	5
8. 我对现在的学校生活感到不适应	1	2	3	4	5
9. 我看不惯现在的社会风气	1	2	3	4	5
10. 为保证正确，做事必须做得很慢	1	2	3	4	5
11. 我的想法总与别人不一样	1	2	3	4	5
12. 总担心自己的衣服是否整齐	1	2	3	4	5

	无	轻度	中度	偏重	严重
13. 容易哭泣	1	2	3	4	5
14. 我感到前途没有希望	1	2	3	4	5
15. 我感到坐立不安，心神不定	1	2	3	4	5
16. 经常责怪自己	1	2	3	4	5
17. 当别人看着我或谈论我时，感到不自在	1	2	3	4	5
18. 感到别人不理解我，不同情我	1	2	3	4	5
19. 我常发脾气，想控制但控制不住	1	2	3	4	5
20. 觉得别人想占我的便宜	1	2	3	4	5
21. 总想大叫或摔东西	1	2	3	4	5
22. 总在想一些不必要的事情	1	2	3	4	5
23. 必须反复洗手或反复数数	1	2	3	4	5
24. 总感到有人在背后谈论我	1	2	3	4	5
25. 时常与人争论、抬杠	1	2	3	4	5
26. 我觉得大多数人都不可信任	1	2	3	4	5
27. 我对做作业的热情忽高忽低	1	2	3	4	5
28. 同学考试成绩比我高，我感到难过	1	2	3	4	5
29. 我不适应老师的教学方法	1	2	3	4	5
30. 老师对我不公平	1	2	3	4	5
31. 我感到学习负担很重	1	2	3	4	5
32. 我对同学忽冷忽热	1	2	3	4	5
33. 上课时，总担心老师会提问自己	1	2	3	4	5
34. 我无缘无故地突然感到害怕	1	2	3	4	5
35. 我对老师时而亲近，时而疏远	1	2	3	4	5
36. 一听说要考试，心里就感到紧张	1	2	3	4	5
37. 别的同学穿戴比我好，有钱，我感到不舒服	1	2	3	4	5
38. 我讨厌做作业	1	2	3	4	5
39. 家里环境干扰我的学习	1	2	3	4	5
40. 我讨厌上学	1	2	3	4	5
41. 我不喜欢班里的风气	1	2	3	4	5

	无	轻度	中度	偏重	严重
42. 父母对我不公平	1	2	3	4	5
43. 感到心里烦躁	1	2	3	4	5
44. 我常常无精打采，提不起劲来	1	2	3	4	5
45. 我感情容易受到别人的伤害	1	2	3	4	5
46. 觉得心里不踏实	1	2	3	4	5
47. 别人对我的表现评价不恰当	1	2	3	4	5
48. 明知担心没有用，但总害怕考不好	1	2	3	4	5
49. 总觉得别人在跟我作对	1	2	3	4	5
50. 我容易激动和烦恼	1	2	3	4	5
51. 同异性在一起时，感到害羞不自在	1	2	3	4	5
52. 有想伤害他人或打人的冲动	1	2	3	4	5
53. 我对父母时而亲热，时而冷淡	1	2	3	4	5
54. 我对比我强的同学并不服气	1	2	3	4	5
55. 我讨厌考试	1	2	3	4	5
56. 心里总觉得有事	1	2	3	4	5
57. 经常有自杀的念头	1	2	3	4	5
58. 有想摔东西的冲动	1	2	3	4	5
59. 要求别人十全十美	1	2	3	4	5
60. 同学考试成绩比我高，但能力并不比我强	1	2	3	4	5

中国中学生心理健康量表的构成

中国中学生心理健康量表共60项，分为10个因子，各因子所包括的项目如下：

（1）强迫症状：包括 3、10、12、22、23、48 共 6 项。该因子反映受试者做作业必须反复检查，反复数数。总在想一些不必要的事情，总害怕考试成绩不好等强迫症状。

（2）偏执：包括 11、20、24、26、47、49 共 6 项。该因子反映受试者觉得别人占自己便宜，别人在背后议论自己，对多数人不信任，别人对自己评价不适当，别人跟自己作对等偏执问题。

（3）敌对：包括 19、21、25、50、52、58 共 6 项。该因子反映受试者控制不住自己的脾气，经常与别人争论，容易激动，有摔东西的冲动，等等。

（4）人际关系紧张与敏感：包括 4、17、18、45、51、59 共 6 项。该因子反映受试者觉得别人不理解自己，别人对自己不友好，感情容易受到别人伤害，对别人求全责备，同异性在一起感到不自在等问题。

（5）**抑郁**：包括 5、13、14、16、44、57 共 6 项。该因子反映受试者感到生活单调，感到自己没有前途，容易哭泣，责备自己，无精打采等问题。

（6）**焦虑**：包括 6、15、34、43、46、56 共 6 项。该因子反映受试者感到紧张，心神不定，无缘无故地害怕，心里烦躁，心里不踏实等问题。

（7）**学习压力**：包括 31、33、36、38、40、55 共 6 项。该因子反映受试者感到学习负担重，怕老师提问，讨厌做作业，讨厌上学，害怕和讨厌考试等问题。

（8）**适应不良**：包括 1、8、9、29、39、41 共 6 项。该因子反映受试者对学校生活不适应，不愿参加课外活动，不适应老师教学方法，不适应家里学习环境等问题。

（9）**情绪不平衡**：包括 2、7、27、32、35、53 共 6 项。该因子反映受试者情绪不稳定，对老师和同学以及父母态度不稳定，学习忽高忽低等问题。

（10）**心理不平衡**：包括 28、30、37、42、54、60 共 6 项。该因子反映受试者感到老师和父母对自己不公平、对同学比自己成绩好难过和不服气等问题。

评分方法

无 1 分；轻度 2 分；中度 3 分；偏重 4 分；严重 5 分。各因子分的计算方法是将该因子 6 个项目的分数加在一起之和再除以 6。根据填完量表后 10 个因子的因子分评定分数值，即可初步判断哪些因子存在心理健康问题的症状。

2 分以下，表示该因子没有问题。

2 分～2.99 分，表示该因子存在轻度问题。

3 分～3.99 分，表示该因子存在中等程度的症状。

4 分～4.99 分，表示该因子存在较重的症状。

如果 5 分，表示该因子存在严重的心理症状。

使用因子分评定

中国中学生心理健康量表，某因子存在轻度问题，可以通过自我心理调节予以改善和消除。

某因子分超过 3 分，但不超过 4 分，也可以通过自我心理调适，逐步达到症状减轻和消失。如果自己心理调适已经超过一个月尚没有缓解，最好找心理医生咨询。

如果某因子分超过 4 分，可自己心理调适。一周后用中国中学生心理健康量表再测试一次，如果该因子分仍为 4 分以上，请找心理医生咨询。

中国中学生心理健康量表，测试中学生心理健康状况，除用 10 个因子的分数进行判断外，还用总均分进行总体的评定。总均分的计算方法：把该量表 60 项各自的分数加在一起之和被 60 除，得出的分数便是受试者心理健康总均分。

使用总均分评定中学生心理健康状况：

2 分～2.99 分，表示存在轻度的心理健康问题。

3 分～3.99 分，表示存在中等程度心理健康问题。

4 分～4.99 分，表示存在较严重心理健康问题。

如果 5 分，表示存在非常严重的心理健康问题。建议：受试者的心理健康总均分在 2 分以上，应找心理医生咨询。

心理活动

自我边界与尊重

1. 活动要求

（1）每位同学要专注此时，用心体会当下的内心感受。

（2）每组同学扮演陌生人，寻找感觉。

2. 活动实施

全班平均分成 A、B 两组。

3. 活动过程

环节一：A 小组先做。在 3 米长、2 米宽的范围内，摆放 4 把椅子，当作活动的公共汽车。

第一站，一个同学"上车"，老师问他（她）的感觉。

第二站，再上 3 个同学，此时 4 把椅子坐满了人。

第三站，再上 4 名同学。

第四站，再上 6 名同学。

第五站，最后再上 6 名同学。

环节二：B 组同学按上述活动步骤与要求做同样的活动。

环节三：请全体同学思考：

（1）你允许陌生人离你最近的距离是多少？

（2）回忆一下，你与亲人的最近距离是多少？

（3）当别人靠近自己时，你会是什么感觉？

4. 总结

心理健康教育可以通过课堂活动的主渠道帮助我们健康成长。这个活动可以使我们懂得，在人与人交往的过程中，尤其是与熟人或朋友相处时，保持彼此的边界和尊重，是建立和维护良好人际关系的基础。

拓展阅读

幸福一点点

我们总喜欢待在自己习惯的框框里，不想出去，也不让别人进来，以为这样的安全感才是自在，看不到别人，也不了解自己。

从今天起，试着给陌生人一个亲切的微笑，给你不喜欢的世界一个温暖的拥抱，你会慢慢发现，开放的心情，反而可以得到更多更多。

当幸福来敲门，你要记得去开门；当幸福来敲窗，你要记得打开窗；当幸福来敲桌，你要记得打开抽屉。幸福来找你的时候，声音会有大有小，只要你记住用心去听，就不会错过每次它找你的时候。

原来幸福是不需要追求的，因为它一直都在我们身边，只是我们无心发现它小小的美。全家人一起吃着晚餐，是幸福的；听着出租车里播放的音乐，是幸福的；走在路上忽然一阵微风吹过，也是幸福的。只要你记得打开心里那扇幸福的窗，就是一座镶满幸福的城堡。

你看见幸福的青鸟在天空盘旋吗？还是你只记得认真地向前走，不再微笑。我们每天羡慕别人身上的好，却忘记自己也有很多地方值得骄傲。盯着自己小小的不美好，却忽略了许多幸福在身边围绕。只要你心里时时记得转换频道，就算遇到挫折也能像是挖到宝。

心灵感悟

1. 从本课的学习中，我知道了心理健康的标准是：

_____

_____

2. 我达到了几条心理健康的标准：

_____

_____

_____

心理实验

"延迟满足" 实验

发展心理学研究中有一个经典的实验，称为"延迟满足"实验。实验者发给 4 岁被试儿童每人一颗好吃的软糖，同时告诉孩子们：如果马上吃，只能吃一颗；如果等 20 分钟后再吃，就给吃两颗。有的孩子急不可待，把糖马上吃掉了；而另一些孩子则耐住性子、闭上眼睛或头枕双臂做睡觉状，也有的孩子用自言自语或唱歌来转移注意力消磨时光以克制自己的欲望，从而获得了更丰厚的报酬。研究人员进行了跟踪观察，发现那些以坚韧的毅力获得两颗软糖的孩子，长到上中学时表现出较强的适应性、自信心和独立自主精神；而那些经不住软糖诱惑的孩子则往往屈服于压力而逃避挑战。在后来几十年的跟踪观察中，也证明那些有耐心等待吃两块糖果的孩子，事业上更容易获得成功。实验证明：自我控制能力是个体在没有外界监督的情况下，适当地控制、调节自己的行为，抑制冲动，抵制诱惑，延迟满足，坚持不懈地保证目标实现的一种综合能力。自我控制能力是自我意识的重要成分，是一个人走向成功的重要心理素质。

第2课　中职生生理变化与心理保健

> 我们的青年是一种正在不断成长，不断上升的力量，他们的使命，是根据历史的逻辑来创造新的生活方式和生活条件。
>
> ——高尔基
>
> 青年者，人生之王，人生之春，人生之华也。
>
> ——李大钊

进入青春期后，同学们越来越关注自己的外在形象了。当你看着镜子中的自己渐渐褪去童年的稚气，拥有了逐渐丰满的形体，当你感受到心中那股蓄势待发的力量时，你对自己，对他人，对这个世界会有许多崭新的感受和想法，它们可能会让你感到兴奋和欣喜，也可能让你觉得困惑与迷茫。那么，我们一起来面对青春期的变化吧。

小明长得帅吗?

　　小明是职业高中航空班一年级的男生，由于航空专业在进校时需要面试，要求男生身高于 1.70cm，女生身高高于 1.60cm，所以航空专业的学生大部分都是帅哥或美女。小明自从来到航空班后，非常注意自己的形象，每天要擦很多防晒霜，有时甚至为了不被晒黑连做早操都不参加。后来，他主持了学校一场文艺汇演。他每逢见同学便说自己的主持经历，还不停地问周围的同学和老师："你觉得我形象如何？我长得帅不帅？"即使周围的人回答他："你还不错"，他还是会在下次见面时追问同样的问题，这让周围的同学对他很无奈，只得敬而远之。请问：小明他怎么啦?

一、青春期生理变化及保健

1.女孩青春期生理变化及保健

（1）女孩的青春期变化

青春期女孩年龄大约在 10～18 岁，一开始女孩乳房部位先是有点硬，然后开始变大、变圆，碰到时有时还会痛，乳房较丰满的就得开始穿戴胸罩。皮下脂肪开始增厚，形成细腰丰臀的女性身材。皮肤变细，腋下和阴部长毛，大约一年到两年后，开始有月经。

（2）女性青春期生理保健

从本次月经开始的第一天起算到下次月经开始的前一天止，称为一个月经周期。通常月经周期为 24～36 天。月经周期的长短因人而异，并不是每个月都一定同一天开始来潮。除了月经刚开始的一两年内可能有不规律的月经周期外，通常同一个人的月经周期是有规律可循的。若能将每次的来经日期做成纪录，那么对自己的周期就有所了解，而在月经来潮前能做准备，例如准备卫生棉等。通常月经开始的第一、二天，月经量比较多，然后就渐渐减少，通常在第 5 天左右结束，但有些人会延续到第 6 或第 7 天。

　　若月经没有按照自己的纪录周期来潮，可能是怀孕、疾病影响或情绪的影响，因此应当看医师。如果持续 3 天以上都是大量的出血，自觉比以往出血量多或有任何不适，就应当看医师。大部分的女性都有经痛的现象，这是因为子宫要排出较大量的月经血或较大片剥落下来的子宫内膜，收缩过度强烈所造成，尤其是在经期间的前三天会较明显。一般而言经痛是下腹部隐约的痛，多休息是最好的方法。此外，跪在地上，手肘置于地面，额头轻触地面的姿势可让子宫倒置，帮助子宫放松，缓解疼痛。若已确定是经痛，也可以在下腹部热敷，喝些淡淡的热茶、热汤或洗个热水澡皆可减轻其疼痛，并避免冰冷的饮食。若是剧烈的痛，则务必看医师，因为很可能是生殖器官病变引起或处女膜无孔或孔太小，经血排出困难引起，才不会延误而使病情恶化。

　　当月经来时还要注意的事情是配合生活作息选择适合的卫生棉，每隔 2～4 小时更换一次，以保持干净。若是经血不小心沾染到衣服或物品，可以请大人（父母、老师、长辈）协助替换衣物，并用冷水清洗衣物上的血渍。穿着棉质的内裤，每天洗澡且更换内衣裤，用淋浴不可以用盆浴以免感染。

2. 男孩青春期生理变化及保健

（1）男孩青春期变化

青春期男孩年龄大约在 12～20 岁，开始分泌男性荷尔蒙，生殖器官——睾丸也开始发育，其次是阴茎增大。随着生殖器官发育，出现第二性征，男性主要表现为喉结突出，声音低沉，眉须浓重；出现阴毛、腋毛、胡须；皮下脂肪减少，肌肉发达，骨骼粗壮，逐渐形成一个强有力的青年雏形。

（2）男性青春期生理保健

男生生殖器官——睾丸在进入青春期后会开始产生精子和分泌雄性激素，睾丸由阴囊包覆保护着，左右各一个，通常维持在低于体温约摄氏 3.1 度的温度，所以应避免穿太紧、太厚的裤子，以免阴囊温度升高，影响睾丸制造精子的功能，最好穿着宽松的棉质内裤。此外，男生的阴囊和阴茎均在体外，应小心不要碰撞，也不要玩故意碰撞生殖器官的游戏。在身体清洁方面，因为男生的尿道除了排放尿液外，也是精液的出口，而包皮是阴茎外围的一层皮肤，在包皮与龟头交接处最易积藏污垢，要每天翻开清洗，否则容易生恶臭，引发皮肤病及传染病。

男孩进入青春期后，会发生在无性意识的情况下自发的遗精，这是生理的自然反应，常常发生在夜里做梦的时候，所以也称梦遗。睡觉时，因神经、肌肉松弛，而出现反射性、无性意识的情况下自发的射精，将过多的精子排出，即称梦遗，是种正常的生理现象。梦遗没有任何害处，睡前喝太多水、穿太紧的内裤或俯睡等均较易引起梦遗，故应避免。此外，为了不造成尴尬，并体谅妈妈的辛劳，建议青春期男生养成自己每天更换、清洗内衣裤和袜子及经常更换床单的习惯。

二、青春期男女生都要注意的小常识

青春期由于内分泌大大增加，如皮脂堵塞在毛囊口不能排出，于是形成一个又一个乳白色小点，鼓起在皮肤表面上，叫作粉刺。当小点的顶端被空气氧化而变黑时称作黑头粉刺，易引起局部发炎，形成脓疱。脓疱挤出后大约经 8～10 周炎症就会消失，可是会形成瘢痕，脸上便出现凹凸不平的小丘。而青春痘则是因体内性激素代谢异常等因素引起的皮脂腺与毛囊的慢性炎症性疾病，一般发生在面部、上胸、肩胛及背部等皮脂腺发达的地方，影响面容的光滑美观。

不论采取什么治疗方法，最基本的还是注意日常生活的自我调理。应注意以下几个方面：

（1）避免情绪焦虑和紧张

要认识到痤疮是可以自愈的一种暂时性的生理现象，保持情绪平稳，作息正常不熬夜。

（2）保持皮肤清洁

常用温水洗脸，避免用碱性肥皂，不用油脂多和刺激性强的化妆品，以免进一步堵塞毛囊，使痤疮加重。此外也不要用手挤压粉刺或痘痘，因为手如果不清洁，会造成粉刺及痘痘恶化或感染发炎，形成脓疱及瘢痕。保持头发清洁，最好绑起来，刘海儿不要过长，避免额头及 T 字部位长痘痘。

（3）营养均衡

饮食要均衡摄取各种营养，平时多吃含维生素 A、C、E 和纤维素的食物（如蔬菜、水果），饮食要清淡，少吃甜食（如巧克力、奶酪）和油腻食物，少吃或不吃姜、蒜、辣椒，少饮浓茶、咖啡等刺激性饮料，不抽烟、不喝酒，保持大便通畅。

青春期痤疮一般不需要特别治疗，大约 25 岁以后症状慢慢减轻和自然痊愈，但一定要注意以上几点，以免留下瘢痕，影响美观。

青春期的男、女生都会经历相当大的变化，因此要特别注意个人卫生。充足的睡眠，适当的运动，均衡的营养等，都是必要的常识。以平常心来过生活，若有不适，就得去看医师，不可以自作聪明乱服成药或秘方。

最后，在两性日常生活相处上，要特别注意"彼此尊重，和平相处""适宜礼貌为交友之道"。要做到尊重自己，包括自己的身体，如果你不愿意的话，别人是不可以触摸你的身体的。如果有任何人触碰你，让你有不舒服的感觉，这就是性骚扰，一定要立刻严厉地拒绝并远离，且要告诉你所信任的人，像妈妈、学校的老师等。身体是每个人的隐私，不只是陌生人，连你的叔叔、伯伯、阿姨、老师也不能随便触碰，每个人都应该好好保护自己喔！

拓展阅读

远离性骚扰

夏、秋季是最最"薄、透、露"的季节，女孩们满怀恐惧的是否又是公交车上的"咸猪手"？路旁的"袭胸"事件？楼梯下的"透视眼"？

1. 什么是性骚扰

任何人对其他人做出不受欢迎的性要求或不受欢迎的获取性方面好处的要求；或他们做出其他不受欢迎的涉及性的行径，对于这些行径，一个合理的人应会预期到对方会感到受冒犯，侮辱或威胁。

性骚扰是一种以侵犯他人人格尊严权为特征的民事侵权行为，它以不受欢迎的与性有关的言语、行为、信息、环境等方式侵犯他人的人格权。

2. 哪些方式属于性骚扰

一般认为有口头、行动、人为设立环境 3 种方式。

（1）**口头方式**：如以下流语言挑逗对方，向其讲述个人的性经历、黄色笑话或色情文艺内容。例如：在女性不情愿的情况下，有意在交谈中谈及人体生殖器官、性爱活动、性体验以及个人性隐私等内容，甚至向女性提出性方面的要求；男性有意当着女性的面大谈某书籍上有关性描写的段落；以"游戏"的外衣作借口的性骚扰。

（2）**行动方式**：故意触摸、碰撞、亲吻对方脸部、乳房、腿部、臀部、阴部等性敏感部位。例如：跟在人家身后，趁其不注意用性器官对臀部进行顶撞、发泄；强行拥抱、触碰敏感部位；亲吻对方，做出性挑逗性的动作。

（3）**设置环境方式**：即在场所周围布置淫秽图片、广告等，自己做出下流动作使对方感到难堪。例如：有意无意地暴露自己的性器官，撒尿，或对不认识的女性做飞吻、做爱等动作；邀请异性看黄色书籍、发黄色短信等。

3. 性骚扰应付技巧

（1）女性朋友应在日常生活中，避免穿袒胸露背或超短裙之类的服饰去人群拥挤或僻静的地方。

（2）外出时，尤其在陌生的环境中，要注意那些不怀好意的尾随者，必要时采取躲避措施。

（3）对于有性骚扰行为的人，应及时回避和报警，不可有丝毫的犹豫不决。

（4）万一遭遇性骚扰，尤其是性暴力，应大声呼叫。反身用膝盖顶之。揪住他，打110报警。女性朋友应该学几种常见的对付性骚扰的招数（如图1-3所示）。

针对男性弱点出击

女性用各部位反击

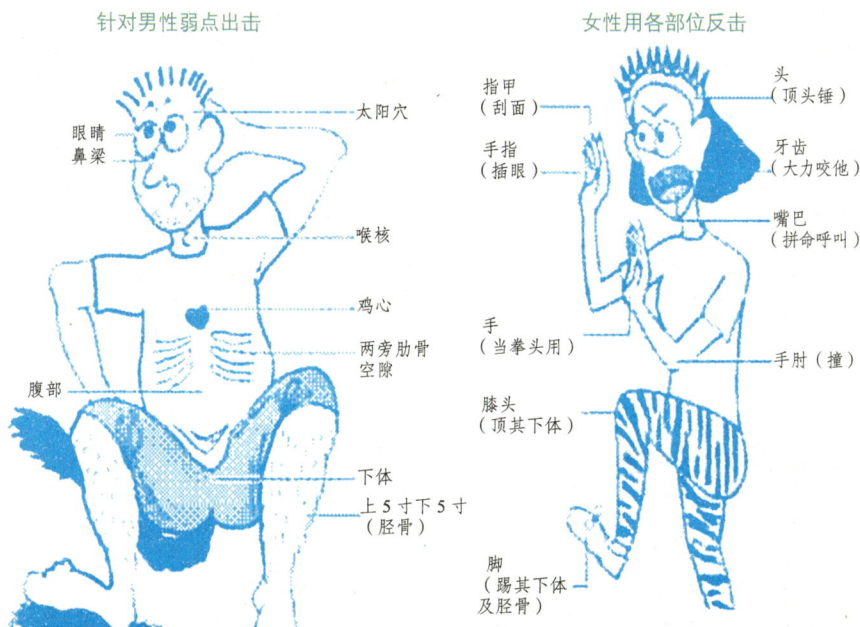

图1-3 对付性骚扰招数示意图

（5）遭遇性骚扰，也可机智周旋，还应设法保留证据，及时向有关部门求助和告发。

（6）受到伤害后，应尽快去医院检查，以防止内伤、怀孕或感染性病等，并及时进行心理咨询、心理治疗，医治精神创伤，学会保护自己。

除此之外，经常走夜路的女生可准备辣椒水或强光电筒，对实施性骚扰的人喷射或照射其眼；对于在公众场合实施性骚扰的人也可用高跟鞋踩或针去扎他，给他一点小教训。但是，万般无奈的情况下，千万不要跳楼或结束生命，我们遵循生命安全第一原则。

4.性骚扰受到法律制裁

"任何人不得对妇女进行性骚扰"。

"用人单位应当采取措施防止工作场所的性骚扰"。

"对妇女进行性骚扰，受害人提出请求的，由公安机关对违法行为人依法予以治安管理处罚"。

——摘自《妇女权益保障法》

青春期身体变化

请拿起笔，补写以下的表格。

女　　生	男　　生
长高了	长高了
体重增加了	体重增加了
乳房隆起	唇部出现胡须
出现月经	阴茎和睾丸长大，出现遗精
……	……
……	……
……	……

心理活动

透过鱼缸看男孩-女孩关系

1. 活动目标
行为方面，组员能够：
（1）参与同一性别的同龄人的讨论。
（2）写出向同龄异性提出的关于对异性的困惑。

2. 所需材料
（1）钢笔和铅笔。
（2）笔记本大小的纸。
（3）两个小篮子或盒子。

3. 活动过程
这个练习用玻璃鱼缸的形式：女孩围成圈坐在地板上，男孩坐在他们后面的椅子上，这样他们能够观察女孩们讨论。然后，男孩和女孩交换位子，女孩观察男孩讨论。

在活动开始的时候，男孩女孩分开。先让同一性别的组员聚在一起讨论，然后提出一些问题，要求异性组员回答。问题的中心是关于男孩女孩的困惑。男孩给女孩的问题收集在一个篮子或盒子里，女孩给男孩的问题收集在另一个篮子或盒子里。接下来，女孩在地板上围成一个圈，男孩坐在他们身后的椅子上。

女孩们轮流从篮子里拿出男孩们的问题，一次一个。每个问题要大声地读出来，要讨论，要回答。男孩女孩交换位子，男孩读出、讨论并回答女孩的问题。

小组协调员作为观察者站在组员形成的"玻璃鱼缸"后面。

你存在明显的青春焦虑吗?

测验指导语： 对下列题目作出"是"或"否"的回答。

1	你是否十分关注自己身体的变化?
2	你为自己的身高（太高或太矮）而苦恼吗?
3	你是否发觉自己的嗓音有明显的变化?
4	你现在比过去容易激动吗?
5	你担心别人对你的看法吗?
6	你为身体上原先没有毛发的地方长出毛发而不安吗?
7	你觉得自己有明显的多愁善感吗?
8	上课时你常不知不觉地做白日梦，直到老师提醒,你的思维才回到现实中吗?
9	你发觉自己的身体有了一些不同寻常的变化，为此你深感不安吗?
10	你一直在怀疑自己身体的一些变化可能是重大疾病的预兆吗?
11	你是否去找了一些医学书刊，将里面提到的症状与自己的情况相对照?
12	晚上熄灯后躺在床上，你会产生很多青春幻想，以致常常要过很长时间才能入睡吗?
13	你害怕自己的内心想法被人觉察吗?
14	你常为一些小事而发火吗?
15	你有时会做一些事后自己都感到莫名其妙的事吗?
16	你为自己所做的一些梦感到羞耻吗?
17	你是否认为自己的身体发育过早或太迟?
18	你是否因自己身体发育不好而自卑?
19	你常忧虑自己死后会怎样吗?
20	你明知有些事不该做，但却忍不住做了吗?
21	你担心父母知道你的身体变化吗?
22	你既希望快点长大，可是又害怕长大吗?
23	你常为自己做了不该做的事而后悔自责吗?
24	你有时为言情小说和影视片中主人公的遭遇而吃不下饭、睡不着觉吗?
25	是否有时你觉得大人讲得也有一定的道理，有时感到如果自己的事情老由大人说了算又多么没意思?
26	你不清楚青春发育引起的各种变化吗?

27	你一直设法想更清楚地了解男女两性青春发育的过程吗？
28	你没料到自己身体较从前有了很多不同吗？
29	你希望摆脱父母的影响，可是又害怕失去父母的帮助吗？
30	你总在担心什么事情，以致心情难以平静吗？

评分规则

以上各题，答"是"记1分，答"否"记0分。各题得分相加，统计总分。

你的总分

0~10分：你比较平静地面对青春发育带来的一系列身心变化。也许你已顺利地度过了最初的不安期，适应了新的自我形象。

11~30分：你存在某种程度的焦虑。总分越大，你的焦虑就越严重。不知你是否意识到，这种焦虑的根源是对青春发育的惶恐不安。

拓展阅读

性自慰是不是罪恶

小志今年16岁，身体健壮，是一个小小男子汉。随着小志年龄的增长，身体产生了一系列变化，声带开始变声，长出了胡须和喉结。通过学校生理教育课的学习，小志对自己身体的变化感到很正常，没有太多的顾虑。真正令小志感到担心的是自己心态的变化。小志发现自己在近期经常产生一些"非分之想"，有时候看到一位女同学时，自己会不由自主地想到自己和这位女同学发生一些亲热的动作；有时候在课堂上甚至幻想着与自己的老师发生关系。晚上回到家后，尤其在睡觉之前，小志的这种性幻想更加强烈，于是，小志开始用手淫的方式满足自己的性需要。随着手淫次数的频繁，小志渐渐产生了一些身体的不良反应，注意力不集中，腰酸背痛等。更为可怕的是，小志对自己的行为感到十分耻辱，觉得自己已经变成了一个坏孩子，觉得自己很下流。小志精神上的痛苦远远超过了生理上的疲惫，他陷入了前所未有的成长的烦恼之中。

小志面临的是一个性自慰的普遍问题。在青少年生理和心理都日趋成熟的时候，性自慰成了每个人都无法回避的问题。所谓性自慰行为是指在没有异性参与时所自我进行的满足性欲的活动。一般有性幻想、性梦和手淫三种形式。其中引发争议最多的是手淫行为。

性幻想是指人在清醒状态下对不能实现的与性有关的事件的想象，是自编的带有

性色彩的故事，也称作"白日梦"。处于青春期的少男少女，对异性的爱慕和渴望会是很强烈的，但又不能与所爱慕的异性发生性行为以满足自己的欲望。青少年往往会把曾经在电影、电视、杂志、文艺书籍中看到过的情爱镜头和片断，经过重新组合，虚构出自己与爱慕的异性在一起；有的把想象中的情景用文字写出来告诉他人，以达到自我安慰。这种幻想可以随心所欲地编，编得不满意再重新编；毫无顾忌地演，演得不理想再重新演。这种性幻想在入睡前、睡醒后卧床的那一段时间以及闲暇时较多出现。部分人可导致性兴奋，女孩性器官充血，男孩射精，有的还伴随手淫出现。这种性幻想在人的青春期是大量存在的。这种性幻想的出现是正常的、自然的。

性梦是指在睡梦中与异性发生性行为，达到性满足的现象。据国外资料报道，性梦的发生率男性多于女性；男性多发于青春期，女性多发于青春后期。性梦也是青春期成熟的正常心理现象，是性生理与性心理反应的一个方面，也就是说，是有生理和心理基础的。从生理上来讲，无论男女，青春期及青春期后，人体内性激素水平骤然增加，尤其是少男，精子和精液在体内积蓄到一定量时便要排出体外，它们是驱动性生理反应的一股强大"动力"，谁也回避不了。在这股"动力"的驱使下，会出现一系列性心理活动，例如对异性的向往和爱慕，容易想到性的问题，出现想象中的意淫等。随着性器官的发育成熟，男子会阴茎勃起与射精，女子则出现阴蒂、阴唇充血等情况。但是，青少年毕竟未婚，这种性心理反应与心理活动被抑制着。医学上对性梦的看法是：性梦在本质上是一种潜性意识活动，是满足被抑制性欲望的一种精神活动。它一方面反映性本能和性需要，视为随青春期性成熟过程中出现的一种心理现象；另一方面作为一种潜性意识活动，是性意识以潜性意识方式的再现。于是出现这种潜意识的性梦，也就不足为奇了。

对于性梦，每个青少年都必须正确对待。性梦虽能创造一个自由奔放、无拘无束、心满意足的"仙境"，但毕竟是梦，不是客观现实。因此，不必彷徨紧张，也不必介意。梦者在梦中体验一下，自我陶醉一下也就够了，不要信以为真，更不必去执着追求实现，以免消耗精力或为之苦恼。至于有人因性梦产生羞耻感、罪恶感和迷信色彩，这也是不必要的。因为性梦是正常的生理心理现象，并非现实生活中的所作所为，如果作茧自缚，是会有碍身心健康发展的。减少性梦的发生，关键在于将精力集中到学习与工作中去，不看那些不健康的影视、录像和小说，在日常生活中有意识地回避性的问题，提高自己精神上的免疫力。

手淫，是指通过对生殖器官（通常也包括身体其他一些部位，如肛门、乳头等）进行有意识的刺激，通过自我抚弄或刺激性器官而产生性兴奋或性高潮，从而获得性满足的活动，手淫是人类性活动中最常见的一种形式，在青春期男、女均可发生，以男性更多见。目前国内外都认为这是一种自然的、正常的、健康的行为。但有意识地放纵自己，过分追求手淫的快感，对人有害而无益。

大约90%的中学生对手淫的看法是不恰当或错误的。有的认为手淫是"危害健康的不良习惯"，有的认为是"不道德行为"或"犯罪行为"，显然这些看法受传统观念影响很大。我国传统观念认为，手淫会耗精伤髓、大伤元气，不仅眼下是百病之源，以后还不能进行正常的性生活。在现实生活中，也确有一些青少年因手淫而精神萎靡，学习成绩下降，甚至悔不欲生。其实，手淫的害处并不在于手淫本身，而在于

"手淫有害论"带来的心理挫伤，手淫后的恐惧心理、犯罪感、自我谴责、悔恨心理才是一切手淫危害的真正根源。手淫是一种自慰手段，是释放性能量、缓和性心理紧张的一种措施。当然，手淫过度也是不利的，过度的手淫会使肉体的性感高潮在无须异性的正常诱惑下就得以满足，这是一种异常的、变态的性满足方式。所以我们不能笼统地谈论手淫的危害，也不提倡手淫。

青少年是怎样形成手淫习惯的呢？

经过调查，通常包括四种情况：

❶ 好奇、模仿、试试看而染上手淫习惯；
❷ 因性无知而染上手淫习惯；
❸ 因生理原因，如包皮过长、包茎，而染上手淫习惯；
❹ 因阅读色情小说或者有爱情故事情节描写的书刊，引发性冲动，受其影响而导致手淫习惯。

心灵感悟

1. 青春期女生要注意什么？

2. 青春期男生要注意什么？

3. 女生应对性骚扰的方式有哪些？

拓展阅读

犯罪心理学——什么样的人易犯罪

龙勃罗梭早年从事精神病学的学习和研究，在学习和研究的过程中，龙勃罗梭产生了建立有关精神病人与犯罪人员的人类学学说的想法。他对 383 名死刑犯人的颅骨进行了解剖检查，发现这些犯罪人有一系列与正常人不同的解剖学特征，特别是在对一名被关押的，名叫维莱拉（Vilella）的江洋大盗进行观察研究并在维莱拉死后进行解剖时发现维莱拉的颅内有一个明显的凹陷，他称之为"中央枕骨窝"，在"中央枕骨窝"附近的小脑蚓部肥大，而这两个特征正是低等灵长目动物如类人猿的特征，在低等人种中都很少见。龙勃罗梭在《犯罪人论》一书中，对101名意大利人的头骨和1279名意大利罪犯的人体测量和相貌分析做了详细的记录，并对这些记录的数据进行了分析研究；他还对数千名犯罪人的文身、感觉、自杀、爱与恨、宗教、智力与文化、暗语、笔迹、文学等方面进行了观察和分析，提出了他那惊世骇俗的生来犯罪人说（又称天生犯罪人说）。龙勃罗梭认为犯罪人，主要是指违反人类情感方面犯罪的犯罪人是出生在文明时代的野蛮人，他们的生物特征决定他们从出生起就具有原始野蛮人的心理与行为特征，他们的行为必然会不符合文明社会中的行为规范，因而也就必然会构成犯罪，这是由他们的异常生物特征所决定的，这种生物特征的异常是通过隔代遗传而来的。龙勃罗梭对犯罪人进行观察，发现生来犯罪人的身体特征如头部外形、面部、五官、颊囊、腭部、牙齿、下巴、上下肢、大小脑等都与正常人不同，例如，多数生来犯罪人的都是小头畸形，腭部异常发达，下巴向上突起，有犬齿窝，这个部位的肌肉像狗一样发达。对生来犯罪人的感觉和功能特征，龙勃罗梭发现生来犯罪人的左侧比右侧更敏感，对疼痛和触摸的感受性比正常人低，其触觉比较迟钝，有明显的磁感，对气候的感觉也十分敏感，其情绪随气温、气压的变化而变化，他们的听觉、嗅觉不如视觉好，一般都很灵活敏捷，这种感觉上的麻木造成犯罪人道德上的麻木不仁，使得犯罪人对他人和自己的死亡不当成什么大事，因此在犯罪时更具有不计后果的残忍性。对生来犯罪人的心理特征，龙勃罗梭发现他们缺少自然感情，尤其不考虑自己的同胞，而对动物和陌生人则过分喜爱，容易冲动，用激情来代替家庭和社会感情。他们具有很强的虚荣心，甚至于超过了艺术家、文学家和那些喜欢排场的女人，喜欢吹嘘自己的犯罪本领。他们普遍缺乏道德感，没有认识到自己的犯罪行为是不道德的，不知悔恨、自责。龙勃罗梭还发现犯罪人文身的多于正常人，犯罪人的文身多数表现出暴力倾向和复仇欲望等。

　　龙勃罗梭在重点观察研究了生来犯罪人的基本特征后，还将犯罪人分为激情犯罪人、精神病犯罪人、偶然犯罪人。龙勃罗梭认为激情犯罪人具有残忍、鲁莽、犯罪行为突发性等特点和强烈的暴力倾向，其犯罪行为是在激情作用下发生的暴力行为。龙勃罗梭观察到这些人的头颅很少异常，相貌较好，性格也较为诚实，情感比较丰富，与生来犯罪人在体貌特征上有明显的不同，他们在犯罪后往往又表现出强烈的后悔情绪。龙勃罗梭将政治犯罪人归于激情犯罪人的一种，认为他们具有较高的智商，强烈的感受力和利他精神、爱国精神、自我牺牲精神、宗教理想，他们是传统社会的反抗者。政治犯罪的领导人大多是富有热情的人，他们思想敏锐，有高度的洞察力和批判精神，为了其政治理想不惜牺牲自己的生命。龙勃罗梭在研究精神病犯罪人的时候发现，由于精神病的影响而犯罪的人因为他们具有许多共同退化的生理特征，尤其是突出的耳朵、额窦、大颌骨和颧骨、凶恶的相貌、斜视、薄上嘴唇等，他们对因犯罪而可能面临的刑罚很少表现出恐惧，而且不想逃避惩罚，甚至于在犯罪后还向他人炫耀自己的恶行。这类犯罪人主要是偷窃狂、间发性酒狂、杀人狂、女性色情狂、恋童癖和歇斯底里犯罪人。对偶然犯罪人龙勃罗梭将其分为虚假犯罪人或准犯罪人、倾向犯罪人、习惯性犯罪人、癫痫性犯罪人，并对他们的一些基本特征作了描述和分析。

龙勃罗梭在观察研究了犯罪人的生理、心理等特征后，从人类学的角度和气候、种族、文化、饮食、遗传、年龄等方面研究了犯罪的原因。其中被龙勃罗梭认为是最为重要的原因是犯罪的人类学原因，也就是隔代遗传（atavism，又译为"返祖现象"），即犯罪人的生理、心理特征倒退到原始人或者低于人类的人的一种现象，这一种现象使得具有返祖现象的犯罪人的形态学特征与类人猿、低等灵长目动物的形态学特征有相似之处。龙勃罗梭还将"退化（degeneration）"学说引入其犯罪原因的学说中，认为它是犯罪人身上的一种病理现象，退化者是其祖先身上有病的身体成分的产物，这种成分阻碍了后代的进化，产生了原始人所具有的身体特征。这些返祖、退化现象使得这些人成为现代的"原始人"，他们从一开始就不容于现代文明，与现代文明的规则、期望相矛盾。他指出："那些最恐怖的、最不人道的犯罪既有着生理上的、返祖的缘由，也起因于某些兽性的本能。教育、环境和对刑罚的惧怕，使这种本能在人身上减退，但是当受到一定的环境的影响时，它们就会突然萌发。"龙勃罗梭还论述了犯罪的社会原因，包括文明程度、人口过剩、新闻媒介、生活状况、教育、宗教、家庭等方面的因素对犯罪的影响。

第 3 课 ▶ 中职生心理发展特点

世界是你们的，也是我们的，但归根结底是你们的。你们青年人朝气蓬勃，正在兴旺时期，好像早晨八九点钟的太阳。希望寄托在你们身上。

——毛泽东

青春终究是幸福，因为它有未来。

——果戈理

中职学生年龄在 14~18 岁之间，这一时期是人身心发展的转折点和关键时期。学生生理的成熟先于心理的成熟的特点非常突出，城市生源的学生与农村生源学生在心理特点上又有一定的不同，这些都增加了中职教育的难度。

心理故事

我真的控制不住自己吗

　　燕燕和波波是电脑 092 班的班长和团支部书记，他们时常在一起商量班上的工作。彬彬是燕燕初中的同学，他在广告 092 班。平时燕燕都是和彬彬一起上学、放学、吃饭。开学的第三个月，学校举行校运会，电脑 092 班和广告 092 班座席离得很近。当彬彬看见燕燕和波波坐在一起，有说有笑，他非常生气，于是冲上前给波波一拳，致使波波流鼻血，两个人打了起来。波波特别委屈地说："我和燕燕在商量运动会集体接力的事，他就给我一拳，我太无辜了。"彬彬经过班主任的教育，明白了自己的错误并道出了真委："每次看见燕燕和波波在一起有说有笑，自己就特别愤怒，控制不住自己的情绪。"最后，经过心理老师的辅导，彬彬终于认识到自己的嫉妒心在作怪，并表示以后要学会控制自己的嫉妒心。

　　中职学生常见的心理发展特点主要表现在以下方面：

1. 情绪不稳定，情绪自控能力较弱

　　处于青年初期的中职学生容易冲动，缺乏理智。在日常生活中，不少学生情绪躁动不安，动不动就想哭，大叫大喊或摔砸东西，与同学、朋友争论起来面红耳赤，甚至发生激烈的争执。不少情感冷漠的学生对他人怀有戒心或敌意，对人对事的态度冷淡，漠不关心，对集体活动冷眼旁观，置身于外。

2. 个性心理问题

　　大部分学生难以拥有一个健康健全的人格和振奋向上的个性面貌。**主要表现为：缺乏应有的积极理想和追求，表为精神萎靡不振，学习上不思进取，生活上自由散漫；人格尊严受到严重损害。**由于初中阶段学业成绩的不理想，中职学生普遍受到社会、老师、家长的忽视、轻视甚至鄙视，不少中职学生的人格尊严得不到认同。

3. 学习心理问题

　　在学习上普遍存在学习目标不够明确、学习方法不当、学习习惯不良、学习焦虑等心理困扰。中职学生对进入职业学校学习的自信心不足，学习态度不够认真，对学习提不起兴趣，在家中瞒着父母，在学校应付老师，对学习有着一种"剪不断、理还乱"，摆脱不掉的心理压力。对考试或某些学科课程的学习存在比较严重的恐惧心理，有明显的厌学情绪和行为。

4. 自我心理问题

　　相当一部分中职学生缺乏合理自我意识，存在自我评价不当的现象。他们一方面自卑自贱，另一方面又自私自利。不少中职学生由于长期处在被别人瞧不起的地位，常常听到的是指责和

不满，常常看到的是歧视的眼光，以致认为自己什么都不行，即使是那些稍加努力就可以完成的任务，也往往自叹无能而轻易放弃，自卑自贱、自暴自弃现象严重。而一部分独生子女的中职学生又过分关注自己的感受，却很少去考虑尊重别人；希望索取别人对自己的关心，但不愿意去真诚地关心帮助别人，表现为只关心自己的利益得失，却很少自觉地去关心他人和集体。

5. 择业心理问题

在就业择业上普遍存在择业依赖心理、焦虑心理。虽然现在实行的是"双向选择，自主择业"的就业制度，但许多中职学生还是寄希望于学校或家庭帮助解决自己的就业门路或去向。职业学校承诺推荐就业的那些专业，往往受到学生的追捧。这也说明不少中职学生在内心深处还是惧怕或不愿意自主择业，更缺乏创业精神和能力。能不能顺利就业，成为许多中职学生的一大"心病"。一些学生担心自己的学历低，专业技能水平低，害怕"毕业就是下岗"。还有的中职学生对所学专业不满意、没兴趣，自己又没办法改变现实，整天心绪不宁、唉声叹气、愁眉苦脸。

心理知识

中职生常见的心理问题

1. 中职生中常见的心理问题及类型主要有哪些？

（1）学习心理问题

主要类型有学习动机缺乏、学习策略不良、学习倦怠、学习挫折、考试焦虑。

（2）人际交往问题

主要类型有人际孤独、人际敏感、人际冲突、社交恐惧等。

（3）自我意识问题

主要类型有自卑心理、自负心理、自我不确定心理、妒忌心理、自我调控能力欠佳等。

（4）个性心理问题

主要类型有偏执型人格、强迫型人格、依赖型人格、回避型人格、被动攻击个性等。

（5）情绪障碍

主要类型有焦虑症、强迫性神经症、恐惧性神经症、抑郁性神经症、神经衰弱等。

（6）性心理问题

主要类型有自我形象敏感、性意识和性冲动的困扰、感情困扰问题、性心理异常等。

（7）环境适应问题

包括学校环境变化、学校管理变化、社会要求变化等带来的一些心理困扰。

（8）应激与危机事件

包括竞选失利、失恋、家庭变故、升学失败、求职失败等。

2. 中职生常见心理问题的表现简单归纳是什么？

（1）情绪低落抑郁者（超过半个月）。

（2）过去有过自杀的企图或行为者。

（3）存在诸如失恋、学业失败、家庭变故、人际冲突等明显的动机冲突者。

（4）家庭亲友中有自杀史或自杀倾向者。

（5）性格有明显缺陷者。

（6）长期有睡眠障碍者。

（7）有强烈的罪恶感、缺陷感或不安全感者。

（8）感到社会支持系统长期缺乏或丧失者。

（9）有明显的精神障碍者。

（10）存在明显的攻击性行为或暴力倾向，可能对自身、他人造成危害者。

心理测验

趣味心理测试

如图1-4：心理压力越大，黑色小黑点闪动得就越快，该死的小黑点还是安静点吧！

如图1-5：测试你潜在是天使还是魔鬼！第一眼看到什么，说明你潜在是什么。

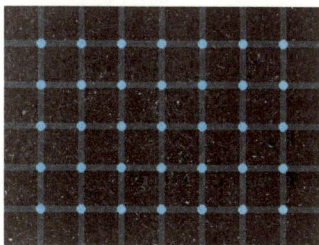

图1-4　心理测试图

图1-5　心理测试图

打哈欠真的会传染吗（如图1-6）？你是那种看到或听到别人打哈欠自己也容易被"传染"的人吗？若答案肯定，那么恭喜你，你天生发达的镜像神经元赋予了你超强的语言习得潜力。同时，你比那些对别人的哈欠无动于衷的人，更容易成为朋友圈里的倾诉对象。多愁善感、易于产生共鸣、富有同情心是你的特质。

压力测试图（如图1-7）：A.如果看到波涛汹涌，那么请马上休假；B.如果你看到微波荡漾，请小休几日；C.如果看到很多颗榛子，请继续为人民服务。

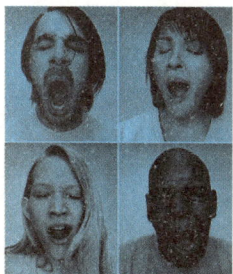

图1-6　心理测试图

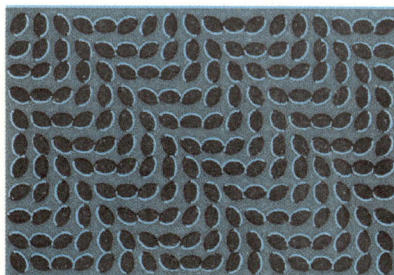

图1-7　压力测试图

克服讲话恐惧

1. 活动目的

使同学们认识到害怕在公众场合说话是正常的，并为解决这些恐惧提供建议。

2. 活动程序

（1）在开始前，问同学们："你认为在我们国家，大多数人最害怕的是什么？"

（2）将答案简明地写在黑板上或墙表上。询问大家对于最大的恐惧是否意见一致。

（3）出示专家所列恐惧的清单。

人们的十大恐惧			
❶ 在公众前讲话	❷ 金钱困扰	❸ 黑暗	❹ 登高
❺ 蛇等虫子	❻ 疾病	❼ 人身安全	❽ 死亡
❾ 孤独	❿ 狗		

向组员们指出，如果这些信息正确，那么很多人都有类似的恐惧，觉得做一场精彩的当众演说或发言是挑战。

（4）请小组组员共同回忆，或采用头脑风暴法，以发掘可以避免或克服这个恐惧的各种方法，每组必须至少提供5种建议。

（5）展示小组讨论的成果，以供组员在适当的机会将他们认为有用的方法记录下来。

克服演讲恐惧的一些建议

◆ 熟悉演讲内容（首先成为一个专家）。

◆ 事先练习演讲内容（可以自己拍摄录像研究）。

◆ 运用参与技巧（鼓励参与）。

◆ 知道参与者的姓名并称呼他们的名字。

◆ 尽早建立自己的权威。

◆ 用目光接触听众，建立亲善和谐的气氛。

◆ 进修公开演讲课程。

◆ 展示你的事先准备工作（通过分发演讲稿等方法）。

◆ 预测可能遇到的问题（并准备相应回答方法）。

◆ 事先检查演示设备及视听器材。

◆ 事先获得尽可能多的参与者的信息（通过观察或问卷）。

◆ 放松自己（深呼吸，深思一会儿，内心对白）。

◆ 准备一个演讲大纲并按部就班地进行。

◆ 仪容仪表（穿着舒适而得体）。

◆ 好好休息使自己身体上及心理上都保持警觉机敏。

◆ 用自己的方式（不要模仿任何人）。

◆ 用自己的词汇（不要照章宣读）。

◆ 站在听众的角度看问题（他们会想：我能从中得到什么呢？）。

◆ 设想听众是和你站在一个立场的（他们没必要非对你敌对不可）。

◆ 对演讲提出一个总的看法（陈述演讲的目的所在）。

◆ 接受自己的恐惧，把它看作是一件好事（它能激发斗志）。

◆ 把你的恐惧分类，看看哪些是可控的，哪些是不可控的，并找出相应方法对抗恐惧。

◆ 对开场的五分钟要特别重视（给予额外的准备）。

◆ 把自己想象成一个出色的演讲者。

◆ 多考虑如何应对困难的处境和刁钻的问题。

◆ 营造一种非正式的气氛（坐在桌上讲话）。

拓展阅读

中职生常见心理问题的症状表现及其识别

中职生中常见的心理问题都有一定的症状表现，当同学观察到周围同学有以下症状表现时就可以向所在系的心理辅导员进行汇报。

（1）躯体化

躯体化，就是通常我们说的无病因的身体疼痛或疲劳症状。

当同学内心存在情绪障碍时，会因此倍感焦躁不安而难以解脱。这种内在的压力长期得不到适当的释放，就很有可能转化为外在的身体症状表现出来，出现一系列的病痛与不适。这种焦躁和压抑越重，身体上的反应也就越明显，而一旦在精神上得以解脱，躯体上的不适也就不治而愈了。

"躯体化"表现不可小视，原因在于这种精神压力如果无法解脱而长期存在，则极有转化为器质性病变的危险和可能，一旦病灶形成，病况就会急转直下，甚至危及生命。

（2）焦虑

焦虑，是以焦虑为主要特征的神经症。表现为没有事实根据也无明确客观对象和具体内容的提心吊胆和恐惧不安的心情。症状特点是：经常或持续的、无明确对象或固定内容的紧张不安，或对现实生活中某些问题过分担心或烦恼，而且这种紧张不安、担心或烦恼与现实不相称，常伴有植物神经功能亢进（如心跳加快、头晕、多汗等）、运动性紧张（如搓手顿足、不能静坐、面肌或手指震颤）和过分警惕。

（3）抑郁

一般我们同学中常用的口头语"郁闷"，只是一种抑郁情绪，还达不到抑郁倾向和抑郁症。但这种情绪如果存在时间过长，比如超过三个月，就需要做一些心理辅导了。

抑郁症是一类以心境（情绪）低落为主要表现的心理障碍。一般说来，抑郁症具有"懒、呆、变、忧、虑"五大临床特点，即"五D征"。而且症状符合得越多，诊断的正确率越高。如果这"五D征"再加上有顽固性长期失眠则对抑郁症确诊的符合率更高。下面对上述五大临床特点进一步解释如下：

"懒"——无原因地突然变得疲乏无力，自觉懒散无能，甚至连简单的日常生活、学习、作业都懒于应付；"呆"——精神活动异常迟钝，但是绝大多数患者从外表看来无异常表现，患病后通常动作减少、行为不敏、思维迟钝、构思困难、记忆力下降、注意力难以集中、理解力和脑功能明显减退；"变"——患抑郁症后，性格明显改变，前后判若两人，自我感觉很差，精力、体力和脑力大不如以前，一位一向外向乐观合群的同学，逐渐变得沉默寡言，不爱说笑，见人避开；"忧"——情绪低下，忧郁悲观，意志消沉，无信心、无活力、无愉快感，有万念俱灰之感，心情压抑、沮丧、忧愁，说不完的苦闷，对外界一切事物都缺乏兴趣；"虑"——多思多虑、焦虑不安、一筹莫展、自责自卑，有惶恐不宁、坐立不安等表现。

抑郁症的特点还在一定程度上表现在生理变化方面，如胃口不好、体重下降、失眠或睡眠过度、腰酸背痛等身体不适。

（4）自卑

自卑是一种因过多地自我否定而产生的自惭形秽的情绪体验。自卑感人人都有，只有当自卑达到一定程度，影响到学习和生活的正常进行时，才归之为心理问题。在人际交往中，主要表现为对自己的能力、品质等自身因素评价过低；心理承受力脆弱、经不起较强的刺激，谨小慎微，多愁善感，常产生疑忌心理；行为畏缩、瞻前顾后等。

（5）社交退缩

社交退缩主要指同学在社会交往过程中对社交对象或社交场合的恐惧畏缩，不敢与他人接触交往，并由此使自己正常的日常社会交往活动都不能顺利进行，属于社会交往方面的障碍之一。社交退缩行为的形成与个体的人格特质、成长环境以及社交挫折经历等有关。

（6）社交攻击

社交攻击主要指个体在社会交往过程中对他人进行语言方面的诋毁或行为上的伤害，同时使自身与周围人群的人际关系恶化，属于社会交往方面的障碍之一。

（7）性心理障碍

性心理障碍包括三个方面：一是性别认同障碍或性身份障碍，即性别转换症，他们自我意识的性别或心理性别与其生物学性别恰恰相反，于是强烈要求医生为其改变身体的性别，否则具有强烈的自杀或自残倾向。二是性取向障碍，即同性恋。由于大多数同性恋者具有良好的自我协调能力，他们不承认自己有病或有错，所以也不会求医和求助。只有少数同性恋者痛恨自己的行为，但又缺乏自我协调能力，于是处于严重的自责与心理冲突之中，或在社会舆论的谴责或压力之下具有求治愿望。**三是性偏好障碍**，也就是性欲倒错，主要表现为性对象异常或性满足方式异常，包括露阴症、窥淫症等十余种变态的性行为。他们的问题不在于其性偏好偏离正常有多远，而在于缺乏正常的性追求和性行为方式。

性心理障碍过去认为是病态人格中的一种类型，所以叫性病态人格或性变态。事实上，许多性心理障碍病人并没有突出的人格障碍，除了单一的性心理障碍表现出来的与一般人的性行为不相同之外，并没有其他的人格缺陷，因此目前都统一叫作性心理障碍。

（8）偏执

偏执，常指偏执型人格或妄想型人格。其行为特点常常表现为：极度的感觉过敏，对侮辱和伤害耿耿于怀；思想行为固执死板，敏感多疑、心胸狭隘；爱嫉妒，对别人获得成就或荣誉感到紧张不安，妒火中烧，不是寻衅争吵，就是在背后说风凉话，或公开抱怨和指责别人；自以为是，自命不凡，对自己的能力估计过高，惯于把失败和责任归咎于他人，在工作和学习上往往言过其实，同时又很自卑，总是过多过高地要求别人，但从来不信任别人的动机和愿望，认为别人存心不良；不能正确、客观地分析形势，遇到问题易从个人感情出发，主观片面性大；如果建立家庭，常怀疑自己的配偶不忠；等等。持这种人格的人在家不能和睦，在外不能与朋友、同事相处融洽，别人只好对他敬而远之。

（9）强迫

强迫，又称为强迫障碍，它是以反复出现强迫观念或强迫行为为基本特征的一类比较常见的心理疾病。强迫症患者往往还存在社会功能损害，学习和职业能力受到影响，生活质量下降。这些都使得患者痛苦不堪。

强迫观念是指反复进入患者意识领域的而且是没有现实意义的、不需要的或多余的思想、表象、情绪或意象，患者很想摆脱，但又无能为力，因而感到十分苦恼。主要表现为强迫计数、强迫怀疑、强迫回忆、强迫联想等。强迫行为则是指反复出现的、刻板的仪式动作，患者明知不合理，但又不得不做，以强迫检查、强迫清洗等最为常见。

强迫症有三个最主要的特点：一是主观上有强迫的体验；二是患者认为自己的强迫思维或强迫行为没有意义，主观上感到必须加以有意识的抵抗并实施抵抗行为；三是有症状自知力，因强迫与抵抗强迫之间的强烈冲突而痛苦，所以寻求治疗。概括起来，就是自我强迫与反强迫同时存在、互相冲突，导致焦虑和痛苦而求医。

（10）依赖

依赖主要包括药物依赖、酒精依赖、情感依赖、互联网络依赖等。表现为依赖障碍者与其依赖人格有很大关系，而依赖人格是指人习惯性地过分依赖他人，没有决断的想法和行为。其中情感依赖是依赖人格中很常见的一类，它主要是指对伴侣或配偶的依赖。有依赖人格的人，不会也不知道如何处理自己生活中遇到的问题，而是习惯于让别人替自己做主。

（11）冲动障碍

冲动障碍又称为冲动控制障碍。它是一类不受自我控制而要进行某些行为的心理障碍，这些行为通常为社会规范所不允许或对自己与他人造成伤害。具有这种障碍的人，在行动之前常会感到压力、激动与亢奋，在行动时会感到快乐、满足与放松，而事后却可能多少有罪恶感与抑郁情绪。

（12）精神病倾向

精神病可以分为多种多样，其中精神分裂症是一种较常见的精神疾病，此病的病因尚未完全阐明，它常有特殊的、怪怪的思维、知觉、情感和行为等多方面的障碍和精神活动，与环境不协调。该病临床症状十分复杂和多样，常见的如思维怪异、情感淡漠、活动减少、退缩、幻觉（如听到实际不存在的声音）、妄想（如坚信某人要害自己）等，病人大多数自知力缺乏（不承认自己有病）。

心灵感悟

1. 常见的心理问题有哪些？

_____

_____

_____

2. 你能克服恐惧吗？

_____

_____

_____

_____

拓展阅读

恐惧的形成和消除

恐惧是怎样形成的？又怎样消除它？心理学家们对这个问题的看法不同，因而做法各异。

美国有个心理学家名叫华生（Watson），他认为恐惧可以通过学习而产生，同样也可以通过学习而消除。

华生试图在实验室里证明他的理论，他找来一个刚刚出生十一个月名叫阿尔伯特（Albert）的婴儿作为被试。他的第一个实验是想使阿尔伯特对大白鼠产生恐惧反应。实验一开始他发现孩子听到大的声音和失去支持时，便产生恐惧反应，还发

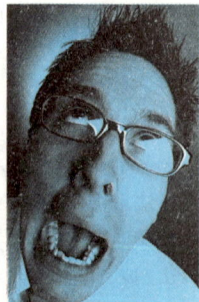

现不管是什么东西，只要距离他在十二英寸之内，他就想法得到它，得到之后便摆弄它。这个孩子对巨大声响的反应同其他孩子的反应是一样的。华生找来一根直径一英寸，长三英尺的钢棍，当用锤子敲击这根钢棍时，孩子便产生明显的恐惧反应。在做完上述预备实验之后，华生便开始正式做实验，他先让阿尔特玩弄一只大白鼠，孩子玩得很高兴，几周之内毫无惧怕的迹象。有一天正当阿尔伯特伸手去触摸那只大白鼠时，华生用锤子猛敲那只钢棍，发出很强的噪声，使阿尔伯特产生了很不愉快的感觉。华生是这样描述当时孩子的表现的：他被吓得猛然跳了起来，然后跌倒，一头扎进床上的褥子里，可是孩子并没有哭叫。以后华生便重复地这样做，每当孩子伸手触摸大白鼠时，华生便敲击钢棍，孩子便猛然跳起然后跌倒，继而哭泣。这种做法显然给阿尔伯特留下了很深的印象。一周之后华生又让阿尔伯特玩弄大白鼠，这时孩子对动物不怎么感兴趣，看来有点胆怯。华生对当时的情况是这样描述的：当把动物突然呈现在孩子的面前时，阿尔伯特并没有走上前去接近它。当实验者逐渐把大白鼠移近阿尔伯特时，孩子便试探性地伸出左手。当动物用鼻子嗅他的左手时，他立刻把左手缩了回去。后来他伸手去摸大白鼠的头，当还没有碰到动物时，便又把手缩了回来。在进行本实验之前，阿尔伯特是不怕大白鼠的，而这种实验重复多次之后，他不但惧怕大白鼠，而且害怕兔子，害怕用海豹皮做的衣服外套和棉花。

所幸的是华生还可以通过重新形成条件反射的方法，或者称作去条件反射（deconditioning）的方法，使形成的恐惧予以消除。有一位名叫彼得的小孩就做过消除恐惧的实验。

彼得是一位三岁的男孩，他不但惧怕大白鼠，也怕兔子、毛大衣、羽毛、棉团、青蛙、鱼和机械玩具。彼得很像刚才所说的阿尔伯特，所不同的是，彼得的恐惧不是在实验室里而是在家里养成的。

华生有一位研究生名叫琼斯（Jones），华生交给他一项任务，要他设法减轻彼得的恐惧行为。琼斯想出了一个好主意，她把彼得置身于他所害怕的那些东西面前，同时让其他一些孩子在场，而那些孩子对琼斯害怕的动物并不害怕。琼斯把这种方法叫作"社会因素法"。琼斯之所以这样做是因为她推想，如果他看到其他孩子玩弄这些东西，他的好奇心就足以使他战胜恐惧。

这种方法取得了一定的效果，彼得的恐惧开始逐渐消退，不幸的是，在实验过程中彼得患了猩红热，住了近两个月医院。出院那天，正当他和护士上出租汽车时，有一只个子很大的狗向他们发起了攻击，他们两个一阵慌忙，当彼得躺在汽车上时，显得精疲力竭。经过几天恢复之后，琼斯又把彼得带进实验室，想看看他是否还害怕以前所害怕的那些东西，出乎意料的是，他比以前怕得更厉害。

在彼得身上所做的实验失败了，但琼斯和华生并不灰心，他们决定变换一下方法再做一次。他们想，如果把彼得所害怕的东西，同可能引起愉快感的东西放在一起，呈现给他，也许他就不会再害怕了。于是他们别出心裁地利用彼得吃午饭的机会进行实验。他们把彼得领进一个长约 40 英尺的大饭厅里，让他坐在一把高椅子上，当他吃得正高兴的时候，把一只兔子放在远处让彼得看。因为距离远，兔子又是放在铁丝笼子里的，彼得并不害怕，照样吃他的饭。以后每当吃午饭时便如法炮制。不过逐日将兔子移近，后来竟把兔子放在桌上，进而又放在他的大腿上，最后彼得一手吃饭，一手玩兔子，恐惧就这样消除了。

第 4 课 > 中职生心理健康咨询

这世界除了心理上的失败，实际上并不存在什么失败，只要不是一败涂地，你一定会取得胜利的。

——亨·奥斯汀

生活中，谅解可以产生奇迹，谅解可以挽回感情上的损失，谅解犹如一个火把，能照亮由焦躁、怨恨和复仇心理铺就的道路。

——穆尼尔·纳素夫

健康的一半是心理健康。透视心灵，关注成长；触摸生命，助人自助；挖掘潜能，完善自我；心理健康关注你我他。

心理咨询是一种忠告、一种理解、一种同情、一种帮助、一种坦诚和尊重、一种自强信念的唤起……

在国外，一个家庭要拥有三类朋友：医生、心理咨询师和律师。美国 1991 年的统计表明，每百万人口有 550 个咨询心理学家，每千人就有 1 名心理咨询师。我国目前大概有 1.9 亿人在一生中需要接受专业的心理咨询或心理治疗。我们该怎样正确看待心理咨询？

心理故事

我该去心理咨询室吗

小珊是某职业学校一年级学生，因为父母在外打工，她从小就被寄养在奶奶家，直到上小学后，才回到父母身边。她认为父母不喜欢自己，不爱自己，于是对父母很冷淡，尤其是父亲对她的严格要求，更令她不解，她对待他们就像陌生人一样，见面都不会主动说话。从小就比较顽皮的她，经常逃学，还离家出走过。

在学校里，小珊和同学的关系比较紧张，总觉得别人对自己不好，特别不能容忍别人在背后议论自己。有一次为了一点小事，小珊和两名同学大吵起来。当时已是晚上九点多，同学们都来劝说，但她仍然大吵大闹。无奈之下，生活老师把她安排在自己的宿舍，陪她过了一夜。这样的事情使同学们对她都敬而远之。没有朋友的她时常感到孤独，她也很苦恼。她很想去心理咨询室找心理老师聊聊，为什么自己控制不住要发脾气，可是她又很担心去了心理咨询室被同学们认为心理有问题。请问：她该去心理咨询室吗？去心理咨询室是心理有问题吗？

心理咨询是由专业人员即心理咨询师运用心理学以及相关知识，遵循心理学原则，通过各种技术和方法，帮助求助者解决心理问题。

"帮助求助者解决心理问题"的含义有二：

❶ 咨询关系是"求"和"帮"的关系，这种关系在心理咨询中有普遍意义；

❷ 帮助解决的问题，只能是心理问题，或由心理问题引发的行为问题。除此以外，咨询师不帮助求助者解决任何生活中的具体问题。

按心理咨询的性质分类：一类是发展心理咨询（适应新环境、为事业突破个人弱点）；另一类是健康心理咨询（挫折引起行为问题、心理健康遭到破坏）。所以，心理咨询的对象不仅仅是健康的人在成长过程中面对的一些问题，比如，如何同宿舍同学搞好关系，如何应对失恋等；也可以是一个人个性化的问题，比如，自己为什么不受同学欢迎，为什么花很多时间学习而成绩依然不好。在国外，每个家庭都要配备医生、律师和心理医生这三类朋友。正如我们的身体会感冒一样，我们的心灵也会感冒，所以找心理医生或心理老师咨询是再正常不过的一件事情了。

提及心理咨询，人们还带有不同程度的神秘感。在我国心理咨询还不普及，很多人会把它与"精神病""心理变态"等字眼联系起来，认为只有心理异常或有心理疾病的人才去心理咨询。

据联合国最新调查，全球完全无或者完全有心理疾病的人只占人类的 6% 和 9.5%，而84.5% 的大多数人处于一种亚健康状态（如图 1-8 所示）。心理治疗只针对 9.5% 的少数异常者，而心理咨询关注的正是占 84.5% 的有小问题的大多数正常人。也就是说，心理咨询主要是针对处于亚健康状态下的正常人群，即那些在生活、学习、工作中遇到困难与挫折而产生心理困扰或轻度心理障碍的人群。

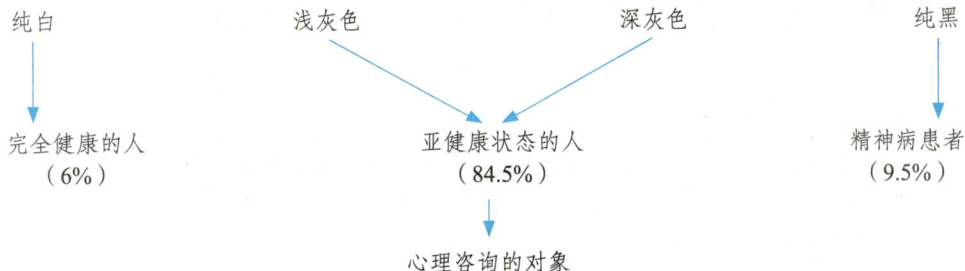

纯白　　　　　浅灰色　　　　　深灰色　　　　　纯黑

完全健康的人　　　亚健康状态的人　　　精神病患者
（6%）　　　　　　（84.5%）　　　　　（9.5%）

心理咨询的对象

图 1-8　心理疾病与亚健康状态示意图

35

心理治疗、心理咨询、心理健康教育分别针对哪些人群？

心理辅导等级划分，如图1-9所示。

心理健康教育面向的人群是所有大众，侧重于预防，从时间上而言，是个体终生的课题。

心理咨询面向的人群是有一些轻微的，涉及日常生活中遇到的一些情绪的、自我认识的、人际交往的、学习的以及社会适应等方面的问题，需要心理援助的人。

心理治疗主要面向一些患有严重心理疾病的人群，其心理问题已经对日常生活造成了严重消极的影响。

图 1-9　心理辅导等级划分

你知道心理咨询的保密原则吗？

1. 心理咨询老师必须为来访者保守秘密、不得泄露来访者的个人信息，并说明保密原则及应用这一原则的限度。

2. 心理咨询老师严格管理、保存心理咨询工作的相关材料，包括个案记录、信件、录音和测试结果。

3. 心理咨询老师只有在来访者同意的情况下，才能对咨询过程进行录音、录像。

4. 在心理咨询工作中，一旦发现来访者有危害自身和他人的情况，必须采取必要措施，防止意外事件发生（必要时应通知有关部门或家长），但应将有关信息的暴露程度限制在最小范围内。

5. 心理咨询老师接受上级单位或公安机关法律规定的询问时，不得做出虚伪的陈述或报告。

6. 心理咨询老师因专业需要进行案例讨论，或采用案例进行教学、科研、写作等工作时，应隐去来访者的真实身份等有关的信息。

什么时候该去心理咨询室？

请仔细核对一下，你是否有以下状况，如果有，建议你主动找学校的心理咨询老师主动预约咨询。

1. 情绪低落抑郁者（超过半个月）。

2. 过去有过自杀的企图或行为者、家庭亲友中有自杀史或自杀倾向者。

3. 存在诸如失恋、学业失败、家庭变故、人际冲突等明显的动机冲突者。

4. 不适应现在环境，出现焦虑、恐惧等情绪者。

5. 性格有明显缺陷者。

6. 长期有睡眠障碍者。

7. 有强烈的罪恶感、缺陷感或不安全感者。

8. 感到社会支持系统长期缺乏或丧失者（无朋友）。

9. 有明显的精神障碍者（心理异常）。

10. 存在明显的攻击性行为或暴力倾向，可能对自身、他人造成危害者。

11. 择业的选择。

12. 各种内心冲突。

心理活动

走出舒服圈

1. 活动目的

（1）体验改变习惯的困难及改变习惯的普遍反应。

（2）让学生意识到要不断挑战自己，走出自己的舒服圈，改变自己是可能的。

2. 活动过程

（1）向学生介绍舒服圈的含义。

心理学中的一个概念叫作"舒服圈"，意思是所有人都活在一个无形的界线里，其中有自己熟悉的环境，与认识的人相处，做自己会做的事。总而言之，在界线内的我们感到很舒服。反之，当走出界线时，我们就会感到不舒服，很自然地想要退回到界线内。这个界线内的部分就是一个"舒服圈"。

（2）老师邀请学生自然地十指交叉相扣约 5 秒。

（3）老师再邀请各学生以相反的位置十指交叉相扣约 5 秒，感受和之前动作不同地方。

（4）恢复垂手状态，老师再邀请各学生随自己的习惯自然地绕手。

（5）老师再邀请各学生以相反方向绕手，感受和之前动作不同地方。

（6）恢复垂手状态，向学生提问："第二次的十指相扣和绕手有什么感觉？为什么有这种感觉？改变习惯可能吗？什么因素可协助改变？"

提问与讨论：在生活学习中，有哪些情况要求我们打破自身的舒服圈？我们的舒服圈是如何产生的，如何拓展我们的舒服圈？

3. 延伸训练

人的成长就是一个不断走出舒服圈、挑战自我的过程，下面提供的是拓展个人舒服圈的延伸训练：

◆ 如果自己怕羞或不擅长人际交往，可以尝试多和陌生人打招呼和聊天，如假装问到某个地方怎么走，你会发现与陌生人交往并不是一件难事。

◆ 放学回家时换一条路走，或换乘另外一辆公交车，虽然可能会费一些时间，但往往会有一些意想不到的发现，说不定会发现更近的路线。

◆ 过去你只读小说、只听流行歌曲、只欣赏水彩画，没关系，从现在开始，你也读哲学、听古典音乐、欣赏雕塑，从个人兴趣这样的小地方先着手，挑战自己过去不接触的东西，让生活多一点弹性。

◆ 尝试一些从前不敢尝试的"新"事物或"新"活动（这个"新"是相对自己而言的，尽管别人可能已经觉得不再时髦）；如平时不敢吃辣，今日不妨尝点辣的，说不定你开始喜欢那种很爽快很刺激的感觉；穿一些色彩、风格和你平日衣着不同的衣服，说不定它会给你带来一种新的感觉和情绪。

拓展阅读

"心理咨询"面面观

1. 怎样进行心理咨询

❶ 把心理老师看作亲密朋友。

❷ "有问必答"比"拐弯抹角"更有利于解决问题。

❸ 不必过多关注自我表现与形象。

❹ 不要期望由心理老师给你"决策"。

❺ 不要期望一次咨询就"根治"。

❻ 心理问题不要等成了"心病"时才去求医。

2. 心理咨询的原则

❶ 理解、支持、尊重的原则。

❷ 保密性原则。

❸ 耐心倾听和细致询问的原则。

❹ 疏导抚慰和启发教育的原则。

❺ 促进成长的非指示性原则。

❻ 助人自助的原则。

❼ "来者不拒，去者不追"的原则。

心理咨询是一种关注心灵的科学和艺术，心理咨询的基础是建立在人的同感、坦诚和尊重之上。在咨询活动中，咨询双方处于平等的朋友式的地位，你可以畅所欲言，毫无顾忌。心理咨询对人生发展有促进、指导和帮助作用，但我们也不能把心理咨询的作用扩大化，认为它可以解决人们学习、工作、生活中的全部难题。

3. 心理咨询可以解决的问题

总体上讲，心理咨询所能提供的帮助分为两大类：

❶ 为心理健康者提供人格发展的条件，促进人格的全面发展；

❷ 帮助心理正常但又存在某种心理负担的人解决其在学习、工作、生活、人际交往以及疾病和康复等方面的心理不适应。减轻他们内心世界出现的矛盾，增强对挫折的承受能力，在认识、情感、态度和行为方面有所变化，学会发掘自身的潜能，去更好地适应环境，完善自我。

实际咨询工作中，具体能够解决的问题，常见的有：

❶ 突如其来的生活事件的打击所造成的心理危机；

❷ 恋爱、婚姻、家庭、就业等现实生活带来的烦恼；

❸ 心身疾病患者所具有的特殊的行为模式的矫正和治疗；

❹ 酒和药物等物质依赖、不良生活习惯和非健康行为模式的矫正；

❺ 就业前为了对自己心理特点有一个全面的了解，使自己的潜能得以更好地发挥而据此选择职业时；

❻ 当你感觉到自己的生活质量、目前状况不满意时。

特别注意的是，以上问题并未涵盖全部，只是实际咨询工作中常见的。

4. 心理咨询的任务

心理咨询的任务有三：一是帮助求助者处理现有的问题，改变其不良的情绪和行为；二是帮助求助者增进社会适应的能力；三是和求助者探讨自我的方向，以发展未来的前程。有学者列出了心理咨询的特点，它能帮助我们进一步理解心理咨询的任务：

咨询不是说教，它是聆听；咨询不是训示，它是接纳；

咨询不是教导，它是引导；咨询不是控制，它是参与；

咨询不是侦讯，它是了解；咨询不是制止，它是疏导；

咨询不是做作，它是真诚；咨询不是改造，它是支持；

咨询不是解答，它是领悟；咨询不是包办解决问题，它是协助成长；

咨询不是令人屈从，它是使人内心悦服。

5. 选择适合自己的心理医生

无论是医院、研究机构，或者个人执业，心理咨询师都是受过专业训练的人员。许多人在面对一个痛哭失声的人时可能会手足无措，而受过专业训练的人是能坦然面对的，且能分担当事人的忧愁、愤怒、恐惧、伤痛的回忆、罪恶感，以及迷惑。心理咨询师不会去审判人的情感，而是接受你并帮助你接纳自己。

通常在正式咨询前，咨询师会与你就时间和费用达成协议。遵守协议是双方信守诺言的体现，也是一种互相尊重，更重要的是，按时来接受咨询辅导是对当事人改变自我的动机的一个检验。在国外，心理健康的诊所收费是根据个人的财务状况而定。在目前国内，收费则是相对固定的。当你付钱接受心理咨询时，你是在支付咨询师所花费的时间以及他所受训练的报酬。钱并不能买到关怀，帮助你的人对你的关怀是一个真正人的真诚反应，关怀不会以其他方式出现。付不付钱很少会妨碍心理咨询师对你的帮助，但是从心理咨询与治疗的实践来看，免费、义务的心理咨询总是效果不佳，也难以巩固，部分原因在于人的心理惯性：来得太容易的东西人们不会太珍惜。

通常受过良好专业训练的咨询师会很乐意告诉你他师承何派，将用哪些方式来帮助你。真正用心的咨询师，态度会是审慎、严谨而有所保留的，只有那些初学者或者门外汉才会过于急切地提出各种乐观的保证，或不假思索地一头栽入，你完全可以凭直觉知道，在各种外衣下隐藏的是亲切还是冷漠、是专业还是外行、是真诚还是伪装。有时候咨询师也许会拒绝你作为他的当事人（当然他应说明理由）；有些时候他也可能对你在咨询中提出的问题回答说不知道，你大可相信他这是实话实说。凡受过良好教育的各行专业人士，如果还肯坦然承认自己有所不知，通常都是最具专业训练、也最值得信任的人。

有些咨询师在咨询时可能非常活跃，常提出问题并提供反馈；有的则很少说话，他们通过倾听来尽力帮助你。这取决于咨询师所受到的训练、其本人的个性及你个人所要咨询的问题。开始时你可能不太习惯，你也许会觉得咨询师并不像想象中那样热情、关心他人。假如你认为咨询师的方式对你不适合，你可以明确提出来。许多咨询师本身受过心理疗法的训练，也了解这种感觉。除非你忠实地说出你的感受，否则没有任何健全的专业人员能协助你。对于专业咨询人员来说，关怀是必需的媒介。经过一段时间以后你也许会发现：当一个人处于危机中时，有部分问题是由于自身的自尊正处于低潮，所以有时会误解专业人员的个人态度。当然，如果你确实认为对方不可信任，你完全有权终止并另请高明。

6. 心理咨询中的常见问题

（1）心理医生≠救世主

一些来访者把心理医生当作"救世主"，将自己的所有心理包袱丢给医生，以为医生应该有能耐把它们一一解开，而自己无须思考、无须努力、无须承担责任。然而，心理咨询与心理医生只能起到分析、引导、启发、支持、促进来访者改变和人格成长的作用，他无权把自己的价值观和愿望强加给来访者，更不能替来访者改变或做决定。真正的"救世主"只有一个，那就是你自己。只有改变自己、战胜自己，最终才能超越自我，达到理想目标。

（2）心理咨询≠思想工作

心理咨询作为医学中的一门学科，有着严谨的理论基础和诊疗程序，它与思想工作是有本质区别的。思想工作的目的是说服对方服从、遵循社会规范、道德标准及集体意志，而心理咨询则是运用专门的理论和技巧寻找心理障碍的症结，予以诊断治疗，咨询师持客观、中立的态度，而不是对来访者进行批评教育。另外，某些心理障碍同时具有神经生化改变的基础，需要结合药物治疗，这更是思想工作所不能取代的。

（3）心理问题≠精神病

心理咨询在我国是一门起步较晚的新兴学科，人们对它有一种神秘感。来访者通常都是左顾右盼、鼓足了勇气才走进诊室，在医生反复保证下，才肯倾吐愁苦；或是绕了很大圈子，才把真实的情绪暴露出来。因为在许多人眼里，咨询的人很可能有什么不正常或有精神病，要不就是有见不得人的隐私或道德品质方面有问题。此外，在中国人的传统观念中，表露出情感上的痛苦是软弱无能的表现，对男性来说尤其如此。以上种种原因，使得很多人宁愿饱受精神上的痛苦折磨，也不愿或不敢前来就诊。其实，心理问题与精神病是两个不同的概念。每个人在成长的不同阶段及生活工作的不同方面，都有可能会遇到这样那样的问题，导致消极情绪的产生。对这些问题如能采取适当的方法予以解释，问题就能顺利地解决；若不能及时加以正确处理，则会产生持续的不良影响，甚至导致心理障碍。这样看来，心理问题是日常生活中经常会遇到的，就这些问题求助于心理咨询并不意味着有什么不正常或有见不得人的隐私，相反，这表明了个体具有较高的生活目标，希望通过心理咨询更好地自我完善，而不是回避或否认问题，混混沌沌虚度一生。

（4）心理学≠窥视内心

许多来访者不愿或羞于吐露自己的心理活动，认为只要简单说几句，咨询师就应该猜出他心中的想法，要不就表明咨询师水准不高。其实心理治疗师也是人，他们没有什么特异功能窥见他人的内心世界，他们只是应用心理学的理论和方法，对来访者提供的讯息进行讨论和分析。因此，来访者需详尽地提供有关情况，才能帮助医患双方共同找到问题的症结，有利于治疗师做出正确的诊断并进行恰当的治疗。

（5）心理咨询≠无所不能

一些来访者将心理医生视为"开锁匠"，期盼其能打开所有的心结，所以常常求诊一两次，没有达到所希望的"豁然开朗"的心境，就大失所望。实际上，心理咨询是一个连续的、艰难的改变过程。心理问题与来访者的个性及生活经历有关，就像一座冰山，堆积已久，没有强烈的求助、改变的动机，没有恒久的决心与抗衡，是难以冰消雪融的，所以来访者需有打"持久战"的心理准备。

心灵感悟

1. 你了解什么是心理咨询吗？你理解的心理咨询是什么样的？

　　_____

　　_____

温馨小贴士：

全国免费 危机干预热线：
800-810-1117
《中国青年报》青春热线：
010-68415464（18：30-21：30）

2. 你发现自己或身边的朋友有什么心理方面的问题需要咨询吗？

　　_____

　　_____

3. 你们学校有心理咨询机构吗？

　　学校心理咨询室的地址是 _____

　　学校心理咨询室的电话是 _____

　　学校心理咨询室的心理老师有 _____

小心那些被压抑的愤怒

一、愤怒本身并不邪恶

生活中，愤怒无处不在：夫妻间吵架拌嘴，员工对老板的抱怨指责，孩子顶撞父母或者父母责骂孩子，甚至，下班路上的拥堵也能让我们坐在车里一边狂按喇叭一边破口大骂……

从小到大我们被一再告知发怒是不好的，那些直接或者间接的生活经验也让我们知道，发火的"破坏力"有多大——失去朋友、得罪亲人或者丢掉饭碗。可问题是，人人都会生气啊，每当"怒从心头起"的时候，到底要不要表达出来？又该如何表达？

愤怒到底是一种怎样的情绪？曾经跟一位心理圈的朋友聊天，提起了"愤怒"。她说，愤怒往往不是我们在某种刺激下首先反映出来的情绪——你可以试着体会一下，它通常会出现在伤心、失望、难为情、受屈辱、被拒绝或者尴尬等感受之后。美国的盖瑞·查普曼博士也提到，愤怒的情绪来自于那些让我们感到不公平的事。

一位心理学家通过研究奥运会运动员的心理发现，愤怒和好斗实际上是与失败情绪相联系的，发脾气并不能宣泄情绪，相反，只能让人更恼火。这么说来，愤怒是一种正常的生理反应，本身并不邪恶。而真正危险的是那些由愤怒转化成的行动。

前不久我刚好看到一条电视新闻，一个19岁的男孩就为他愤怒之后的不冷静付出了代价——他准备上公交车时，仅仅是因为该从前门上车还是该从后门上车的问题跟司机发生了口角，在愤怒和争执中，他随手抄起路边冷饮摊的酸奶瓶砸向汽车。后来，男孩被以"寻衅滋事"的罪名起诉，正等待宣判。电视里，男孩不停地抹眼泪，后悔自己因为愤怒而做出的蠢事。

所以，查普曼博士说，我们无法控制自己的生理反应，但是能控制自己的思想和行为。

二、该如何处理愤怒情绪

或许你可以轻而易举地在以下情境中找到自己的影子：

每次回父母家吃饭，总要担心他们会在什么事情上对你指手画脚：你的发型，你的衣着，你工作不够努力，你应该尽快结婚然后要个孩子……你表面上满口答应，心里却早已经是大大的不爽了。

你的女朋友样样都好，除了她那爱迟到的臭毛病。每次约好了时间，你总是习惯提前5分钟到达，然后就开始望眼欲穿地等，不知道半小时还是1小时之后，她才能踩着高跟鞋款款走来。每次这样的等待，都会让你在约会中迟迟进入不了状态。周末你赶去公司加班，出门前给老公布置了几项"作业"：攒了一周的衣服要分批塞进洗衣机里；冰箱空了，该去超市采购下周的口粮；笔记本染了病毒几近瘫痪，抽空检查一下……到了晚上，你拖着一身疲惫进门，却发现脏衣服还堆在那里，冰箱里依然什么都没有，电脑甚至无法开机。于是，你情不自禁地开始发飙。

很多时候，我们就是这样被别人的过错激怒的。遇到类似情况，该怎样处理呢？查普曼博士总结了以下几个步骤。

第一，明确告诉自己：我生气了。 愤怒来临时，我们往往还没弄清楚发生了什么，不该说的话就说出去了，不该做的事也已经做了。所以，向自己承认"我生气了"，大声说："这件事让我很生气，现在我该怎么办？"告诉自己也告诉对方。这样做，会为你赢得处理愤怒情绪的机会。

第二，克制自己，不要马上说什么或者做什么。 克制冲动并不意味着积累愤怒，而只是说你在感到愤怒的时候应该先冷静一下。

第三，你需要找出愤怒的焦点是什么。 愤怒从何而来，那个惹你生气的家伙到底做错了什么事，问题究竟有多严重。

第四，进行选择性分析。 一些情况下我们能做出的最好反应，就是承认自己受了委屈，并承认再与那个伤害自己的人争论也无济于事，于是决定接受这个事实，拒绝让已经发生的事情侵蚀自己的幸福感——某些时候，这就是处理愤怒的最佳方法。而在更多时候，处理愤怒的方法是，把事情清楚地摆出来，请对方注意并和你一起努力，找到解决问题的方法。你可以把自己的想法和感受坦白地讲出来，这样做的目的不是谴责，而是要修复彼此的关系。

对大多数人来说，本着爱的原则与人理论并非易事，我们更习惯于乱发脾气和掩饰愤怒，但是这样做的结果，只会进一步破坏人与人之间的关系。

三、被耗尽的情感承受力

还有一种愤怒，破坏力更大。

生活中有一些人，表现出来的永远是温和不愠、彬彬有礼的样子，即便是天大的委屈，也总是能一笑而过。或许这些人的"愤怒点"真的很高，或许他们还有你没看到的另一面。翻翻报纸的社会新闻版你会看到类似的故事：被解雇的职员闯进办公室，持刀刺伤炒掉自己的上司；看上去唯唯诺诺的丈夫，杀害妻子之后自杀身亡；品学兼优的留学生，持枪袭击同胞，震惊校园……他们的亲朋好友总会在事后感叹："他看起来是个很不错的人，真不敢相信会做出这样的事来。"他们没有看到，那些积压在心里的愤怒，是如何在长期压抑中逐渐膨胀，最终变得不可收拾的。内压的愤怒始于否认、沉默和回避，积压久了会让人从里面垮掉。我们经常可以在冲突之后听到这样的说法：我没有生气，只是挺失望的。心理学家告诉我们，说这话的人，确确实实是生气了，只是他自己不愿意承认。但是否认并不能让怒气消失，他们更愿意躲开惹自己生气的那个人和那种场景，刻意保持距离。如果有人问："你怎么了？"他们就会回答："没什么，我只是有点儿累，今天太忙了。"这就是被压抑的愤怒。

郁积的愤怒通常会以一种被称为"消极攻击"的行为表现出来，比如，对别人的要求不理不睬——你让他干什么，他就不；你指东，他偏要打西。被压抑的愤怒情绪还可能被转嫁，把脾气发在不相干的人身上。举个例子来说，有的人在办公室里受了老板的气，不敢跟老板直接对抗，于是回到家里就变成了一个火药桶，一点点的不如意就可能惹得他大发雷霆——他可能完全没有意识到，自己这样对待家人会跟老板有什么关系。

愤怒是为了叫人们能积极地去面对那个伤害了我们的人，如果我们没有这么做，愤怒就会累积。"如果多年来我们一再遭遇委屈，我们情感的承受力就会耗尽。"查普曼博士说，这时会出现两种情况：其一，我们会把多年来积压在心里的愤怒发泄在身边的人身上；其二就是变得抑郁，感情会渐渐枯萎，失去了对生命的热情，变得对什么都不感兴趣。

　　他建议说，如果长期以来你总是在生气，那就要赶紧处理一下自己的愤怒了，因为很多人并不知道过去发生的事情会对现在造成影响。你不妨仔细梳理一下从小到大的成长经历——父母、老师、同学、邻居、初恋情人、男／女朋友、丈夫／妻子、孩子、同事、上司，或者其他一些人——他们有没有伤害过你？把那些让你感到愤怒的事情一一列出来，写在纸上。然后，你要问问自己：关于这个愤怒，我以前是怎么处理的？是否妥当？如果没有处理过，那就要赶紧去做。问题解决之后，或许你会发现一个焕然一新的自己。（选自《中国青年报》）

认识自我，悦纳自我

第二章

教学目标 ◀

1. 使学生懂得悦纳自我对于健康成长的价值，了解悦纳自我、直面人生挫折和困难的方法。
2. 培养积极、乐观、勇敢、坚强等心理品质，具有健康的生活态度和行为习惯。

教学要求 ◀

认知： 了解自己的性格特征、行为方式和成长规律。

情感态度观念： 积极接纳自我，学会欣赏自我，敢于接受生活的挑战，追求自己的人生价值。

运用： 直面成长中的心理行为问题，做自信快乐的人。

第 ⑤ 课 ▶ 自我认识

> 知人者智，自知者明。胜人者有力，自胜者强。
>
> ——老子
>
> ─────────────────
>
> 最困难的事情就是认识自己。
>
> ——古希腊名言

俗话说："知人者智，自知者明。"这句话的意思是：你了解别人，你是智慧；你知道自己，了解自己，这是高明。在漫漫的人生道路上，只有认识自己，了解自己才能找到人生的发展道路，为人生做好抉择。同学们，你认识自己吗？你是谁？

心理故事

沙沙的成长故事

沙沙是职业学校会计专业的学生。沙沙从小对数字非常敏感，能迅速地记下看过的数字，数学考试总能拿班级第一。但是他对英语和语文特别不感兴趣，所以他以数学满分和英语、语文不及格的成绩来到职业学校。中考前，他非常渴望能上一所普通高中，然后上大学。来到职业学校很长一段时间，他无心学习，认为反正都与大学无缘了，随便混个职业高中的文凭就去打工。在一次心理课堂上，心理老师对大家进行多元智力测试，发现他有数字方面的优势，建议他将来从事同数字有关的工作。他觉得自己的优点得到了肯定，于是，他用心学习会计专业，专业成绩非常优秀，并代表该学校参加全省中职学校职业技能竞赛点钞方向竞赛，最后他以全省第一的成绩获得点钞方向竞赛第一名，并保送对口的高职院校。

一、学会认识自我

我是谁？当你每天早上照镜子的时候，是否想过对着镜子的你是怎样的？

心理知识

乔哈里视窗

	自己知道	自己未知
他人知道	开放我	盲目我
他人未知	隐藏我	未知我（潜能区）

乔哈里视窗口把人的心理分为四个部分：

第一象限：公开区，自己知道，别人也知道，又称为"公开我"。

第二象限：隐藏区，自己知道，别人不知道的秘密，又称为"隐私我"。

第三象限：未知区，自己和别人都不知道，又称为"潜在我"。

第四象限：盲目区，自己不知道，别人却知道的盲点，又称为"背脊我"。

通过同学们之间的互动，我们把开放我朝盲目我、隐藏我扩大，使自己和他人都对自己有更多的认识。

心理测验

我是一个什么样的人？

你能在 3 分钟内不断地说出关于自己的一切吗？试在纸上写出 20 个关于"我是一个 ＿＿＿＿＿＿＿＿ 的人"句子。

不要做太多的思考，想到什么就写什么。内容可以很具体，可以抽象，可以是形容词、名词、动词和短语。

我是一个 ＿＿＿＿＿＿＿＿ 的人。

我是一个 ＿＿＿＿＿＿＿＿ 的人。

我是一个 ＿＿＿＿＿＿＿＿ 的人。

我是一个 ＿＿＿＿＿＿＿＿ 的人。

我是一个 ＿＿＿＿＿＿＿＿ 的人。我是一个 ＿＿＿＿＿＿＿＿ 的人。

我是一个 ＿＿＿＿＿＿＿＿ 的人。我是一个 ＿＿＿＿＿＿＿＿ 的人。

我是一个 ＿＿＿＿＿＿＿＿ 的人。我是一个 ＿＿＿＿＿＿＿＿ 的人。

我是一个 ＿＿＿＿＿＿＿＿ 的人。我是一个 ＿＿＿＿＿＿＿＿ 的人。

我是一个 ＿＿＿＿＿＿＿＿ 的人。我是一个 ＿＿＿＿＿＿＿＿ 的人。

我是一个 ＿＿＿＿＿＿＿＿ 的人。我是一个 ＿＿＿＿＿＿＿＿ 的人。

刚才我们对自己进行了自我认识，现在，请你把"我"分解成物质的我、心理的我和社会的我，看看你的自我认识是否包括这三个方面。

❶ 物质的我	包括我的身高、体重、长相、穿着以及我所拥有的物质来描述自己。例如，我是一个大眼睛的人，我是一个拥有笔记本电脑的人
❷ 心理的我	包括我的性格、能力、态度和动机。例如，我是一做事认真的人，我是一个懒惰的人
❸ 社会的我	包括我与别人、社会的关系。例如，我是一个中国人，我有一个哥哥

评估：对于刚刚写下的 20 条描述句子，积极的评价有多少条，消极的评价有多少条？如果消极的评价多于积极的评价，说明你对自己的自我认识有点消极，希望在后面的课程中你能重新塑造对自己的评价。

二、认识自我的方法

1. 真实的我

　　"认识你自己"的意思是在你自身内发现了一个真实的自己：从这一刻起，你就明白了自己。了解真实的我，让你和他一起走在阳光下。

心理活动

画一幅自画像

要求

（1）每人用笔在白纸上画一幅与自己特点相适合的动物。

（2）画完后写五个有个性、有特点最能表现自己的形容词来描述这幅画。

（3）分小组互相分享自己的画，小组成员轮流说明为什么会选择这个动物，然后请每个小组派一代表进行全班分享。

2. 别人眼中的我

　　美国心理学家祖哈利有一个说法，人自身有一个盲点，是要靠别人反映出来的，不自觉的那部分，本身也会是一无所知，因此必须通过别人反映自己，告诉自己，让自己进一步了解自己。这也就是著名的"祖哈利镜子"的说法。

　　我国古代思想家墨子也曾说过："君子不镜于水，而镜于人。镜于水，见面之容；镜于人，则知吉与凶。"意思是说用水作镜子，只能看见自己的长相；而用他人的评价做镜子，则可以发现自己各方面的长处与短处。

心理活动

背后留言

1. 要求

（1）每人一张 A4 的纸，贴在衣服背后。

（2）请班上 5 个男生，5 个女生给你留言。

（3）留言要求：第一行请同学写下自己的姓名；剩下的十条由其他同学完成，留言的内容是你对这个人的认识，包括优点、缺点及其建议，还可以写上自己最想同他说的一句话，不写姓名但要写性别。

（4）完成活动后，请撕下背后留言，先进行自我欣赏一下。

2. 注意事项

（1）整个过程真诚、客观、负责。

（2）留言过程中，同学尽量不说话，用非言语的形式进行交流。

（3）请把纸条贴在衣服背后再开始留言。

3. 活动后分享

（1）收到了什么留言？大家眼中的你和自己认为的你是一致的吗？

_____

_____

（2）如果不一致，哪些留言的内容你活动前已经感受到？哪些留言内容活动前没感受到？对别人的评价你的感受是什么？

_____

_____

（3）从这个活动中还有什么其他感受和发现？

_____

_____

3. 理想的我

按要求完成表格内容。

我的理想	我的现实	现实和理想的差距	有利条件	不利条件	克服办法

原来，每个人对自己的评价和自己的理想之间，都会有很大的差距。对于不能改变的事物，捶胸顿足、怨天尤人也于事无补。要想保持心灵健康平和，重要的原则就是对那些我们所不能改变的事实安然接纳。这不是消极的宿命，而是积极的达观和智慧，千万不要小看了接纳自己外表不完美这件事，它是接纳万物的门票。

拓展阅读

关于认识自我的小故事

斯芬克斯之谜

无子的特拜国王拉伊俄斯曾经诱拐了皮萨国王佩洛普斯的小儿子克律西波斯，导致他自杀。佩洛普斯向主神宙斯祈祷降祸于拉伊俄斯。当拉伊俄斯祈求神恩赐他一个儿子的时候，神一边答应了他的请求，一边预言他的儿子将杀父娶母。为了逃避神谕的实现，拉伊俄斯夫妇一等儿子降生即钉住他的双足（——俄狄浦斯乃双脚肿胀之意），派一位仆人把他扔进山谷。但心地善良的仆人却将俄狄浦斯送给了科任斯国的牧羊人，以至于俄狄浦斯被无子的科任斯国王波吕玻斯收养。逐渐长大了的俄狄浦斯在一次宴会中偶然闻知自己非科任斯国王亲生子，便去求问神谕，得知自己命将弑父娶母。为避厄运，他离开了科任斯，来到了特拜边境。在一个三岔路口，为争夺道路，与一个老人争执起来，一怒之下，他用手杖打死了这个老人。俄狄浦斯不知，这老人就是要去德尔斐神庙请求解除斯芬克斯灾难的他的父亲。因为此时，特拜城正遭受狮身人面鸟翼怪兽——斯芬克斯的灾难。俄狄浦斯来到斯芬克斯面前，毫不犹豫地出色地回答了"斯芬克斯之谜"（斯芬克斯之谜：斯芬是希腊神话中一个长着狮子躯干、女人头面的有翼怪兽。坐在特拜城附近的悬崖上，向过路人出一个谜语："什么东西早晨用四条腿走路，中午用两条腿走路，晚上用三条腿走路？"如果路人猜不出，就被害死）。于是，斯芬克斯一头扎入大海。俄狄浦斯被特拜民众拥戴为新国王，并娶王后为妻。至此，"杀父娶母"的神谕得以彻底实现。

俄狄浦斯解开了谜底，斯芬克斯也就完成了自己的使命。因为那句刻在特尔菲神庙前碑文上的话就是："人，认识你自己。"斯芬克斯作为神的使者，就是要通过这样一个谜语来告诫人类要对自身进行认识。作为人，你必须要认识你自己！

周杰伦的成长经历

周杰伦是在单亲家庭中长大的，父亲在他年幼的时候就和母亲离了婚。母亲的"棍棒教育"使周杰伦弹得一手好琴，但也使他从小就不爱讲话，性格孤僻，学习成绩不好。

　　周杰伦考上台北淡水高中后，由于会弹琴，他一下子成了学校里的"知名人物"。可当他的同学正紧张地准备考大学的时候，他却仍然沉溺在音乐爱好之中。在一般人眼中，他的前途一片渺茫。因为在一个普通家庭出身的孩子，他最好的选择是学习数学、自然科学和计算机，以便日后找份好工作谋生，而音乐则是有钱人的奢侈品。显然，他们认为周杰伦奢侈不起。果然，1996年6月，高中毕业后的周杰伦一时找不到工作，便只好应聘到一家餐馆当了名服务生。他每天的工作就是把厨师做好的菜送到餐厅，再由女服务员传到客人面前。这份工作看似简单，可真正做起来却并不容易。因为客人多了，就容易把菜传错。而一旦出了错，服务生不仅要受顾客的气，而且老板还要扣发薪水。尽管工作上的烦心事不少，但周杰伦对音乐的爱好却有增无减。每次发了工资，他就往音乐超市里跑，几乎把所有的钱都花在买磁带上。平时他喜欢把单放机带在身边，没事就听音乐。

　　有一次，心情不错的周杰伦双手托着一盘菜，边走边听歌，不想，他一不小心竟与一位女服务员撞了个满怀，一盘热菜全部洒在了那位女服务员的身上。那女服务员的手被菜烫出了水泡，痛得大哭起来。餐厅经理听到哭声，立即赶了过来。他狠狠地批评了周杰伦一通，并毫不客气地罚了周杰伦2 000元台币。不善言辞的周杰伦一句话也没说，泪水直往肚子里咽。要知道，他那时的月薪才4 000元台币呀！而现在，一下子就被经理扣掉了一半，他哪儿还有钱买磁带啊！

　　1997年9月，周杰伦的表妹替他在当地一家电视台的一个娱乐节目——台湾版的美国偶像征选节目《超级新人王》报了名。该节目制作人后来联系周杰伦，他当时惊讶不已，要他参赛表演，他还说："不行，不敢独唱。"参加表演那天，周杰伦穿着一身休闲装，戴着一顶鸭舌帽，帽檐压得低低的，打扮得酷酷的。节目主持人阿尔发音乐公司的老板吴宗宪安排周杰伦表演钢琴伴奏，并允许他带一位歌手演唱。不想，周杰伦演砸了。不过，他看了乐谱，说："我从裁判的肩膀后头，看了一眼乐谱，结果惊为天人。非常的复杂、做得很棒。"于是便邀请他到自己的公司专业写歌。

　　1999年12月的一天，吴宗宪将周杰伦叫到办公室，十分郑重地说："阿伦，给你10天的时间，如果你能写出50首歌，而我可以从中挑出10首，那么我就帮你出唱片。"周杰伦兴奋不已，跑到街上买回一大箱方便面。他想，就是拼了命，也要做最后的挣扎。因为他知道，老板给他的机会也许就这一次了。那段时间，他几乎是一首接一首地创作，而每当他疲惫的时候，就在房间的某个角落里打个盹儿，醒来之后继续下一首歌曲的创作。就这样，仅仅10天时间，周杰伦真的拿出了50首歌曲，而且每一首都写得漂漂亮亮，谱得工工整整。经过大半年时间的精心制作，周杰伦的第一张专辑——《JAY》制作出来了。一发行便一鸣惊人，不但唱片大卖，而且还一连夺得两届台湾流行音乐金曲奖的最佳流行演唱专辑、最佳制作人、作曲人等大奖。从2000年他的第一张专辑上市被抢购一空开始，到现在他的专辑销量无人能及。仿佛一夜之间，华语流行歌坛几乎被周杰伦一个人的声音统治了。

对于周杰伦来说，他不需要舞台，他只是活在自己的音乐世界里——他知道自己是什么样的人，什么能让人真正记在心间，什么能让他与众不同，除了音乐本身，别无答案。音乐是这个内向的孩子的唯一，拯救了他，诠释了他，是他的幸运所在。他说："让我告诉你什么叫酷。"他解释说："它的意思是无论你做什么，都不要盲从别人，走你自己的路。"

思考：同学们，看了以上的故事，你对认识自我有什么感受呢？

_____

_____

总之，认识自我才能找到自己正确的发展道路；认识自我才能做出正确的人生抉择；认识自我才能克服世俗偏见，保持心理健康。让我们一起踏上认识自我之路……

心灵感悟

1. 当别人评价我时，我应该用怎样的态度对待他？

_____

_____

2. 当我要给别人提意见时，怎样的方式比较好？

_____

_____

3. 应该用怎样的态度对待赞美和批评两种不同的意见？

_____

_____

心理实验

评价自己与评价他人哪一个更客观？

在捐款之前，做一个问卷调查，提出两个问题：

问题之一：你会捐款吗？60%的人回答"我会捐款"。

问题之二：你估计他人会捐款吗？50%的人回答"别人会捐款"。

捐款之后，统计结果是：有50%的人捐款。

第 6 课 ▶ 悦纳自我

> 天生我材必有用。
>
> ——李白
>
> 坚信自己的思想，相信自己心里认准的东西也一定适合于他人，这就是天才。
>
> ——爱默生

　　每个人来到世界都不完美，每个人都是被上帝咬过一口的苹果，都是有缺陷的人。有的人缺陷比较大，也许是因为上帝特别喜爱他的芬芳。如果上帝给你关上一扇门，就会为你打开一扇窗。世界义化史上有著名的三大怪才，文学家弥尔顿是瞎子，大音乐家贝多芬是聋子，天才的小提琴演奏家帕格尼尼是哑巴，他们的缺陷多是成年之后形成的，由于上帝特别喜爱他们，狠狠地把他们咬了一大口。他们把上帝的喜爱作为奋斗的动力，挑战自己的命运。

心理故事

神奇的发卡

　　有一个女孩子，总觉得不讨别人喜欢，因此有一点自卑。一天，她偶尔在商店里看到一支漂亮的发卡，当她戴起它的时候，店里的顾客都说漂亮，于是她非常高兴地买下发卡，并戴着它去学校。接着奇妙的事发生了，许多平日不太跟她打招呼的同学，纷纷来跟她接近，一些同学还约她一起去玩，原本死板的她，似乎一下子变得开朗、活泼了许多。但放学回家后，她才发现自己头上根本没有带什么神奇的发卡，原来她付钱后把发卡留在了商店里。

　　是什么使别人改变了对她的态度？那个发卡真有那么神奇的力量吗？

　　点评：人的容貌并没有因戴发卡而改变，改变的只是人的心态，因她的可爱而让人感到漂亮，无论什么时候，我们都不要讨厌自己，对于那些已经成为无法更改的客观现实，与其整天抱怨苦恼，还不如坦然地自我悦纳，即以积极、赞赏的态度来接受自己。

悦纳自我是一种境界，是我们在现代社会所应具有的素质。那么，首先就应该明白什么是悦纳自我。

总的来说，悦纳自我包括三方面：

❶ 接受自己的全部，无论优点还是缺点，无论成功还是失败。
❷ 无条件地接受自己，接受自己的程度不以自己是否做错事有所改变。
❸ 喜欢自己，肯定自己的价值，有愉快感和满足感。只有能够真正地做到如此，我们才能真正地悦纳、认识自我。

悦纳自我是一种心理状态，与客观环境并不完全相关。有些人虽有生理缺陷，但很乐观；有些人虽五官端正，但却不喜欢自己；有些人并不富裕，却知足常乐；有些人有钱有势，却并不深感快意。

如何做到悦纳自我，应该做到：

❶ 应该勇敢地接受自己的缺点、不足或缺陷，每个人都有自己不完美的地方，接受自己的不完美，每天给自己一个完美的笑脸；
❷ 每天想一次自己的优点和长处，并发扬这些优点和长处；
❸ 当取得成功的时候，尽情体验自己的喜悦，并与他人分享；
❹ 悦纳自我，就是欣然接受自我；
❺ 客观地评价自己。

心理知识

过度追求完美是种病态

　　追求完美是对自己做人做事的高标准高要求，适度地追求完美会让人更加出色，但如果追求过度，就不正常了。有报道说，一些女孩为了漂亮去整容，整了十几次仍然不满意，这种过度的追求不利于身心健康。

　　西方心理学家指出，过度追求完美是一种病态心理，不利于身心健康。他们建议，完美主义者要降低标准，学会偷懒。

　　一些研究人员把完美主义者分为三种类型：

　　第一种是自我型。 这类人给自己设定远大目标，并努力达到。他们容易陷入自我批判，情绪沮丧。加拿大芭蕾舞演员克伦·凯因享誉国际芭蕾舞界，在她的职业生涯中，表演超过 1 万场次，但她在自传中表示，只对其中大约 12 场较为满意。此外，她对自己能力的第一感觉就是失望。

　　第二种是总以为别人对自己有更高期望，于是为之不断努力。 他们容易发生饮食紊乱，乃至产生自杀的想法。他们不愿意尝试新事物，因为害怕给别人留下愚蠢的印象。当觉得别人的要求不合理或者不公平时，他们只能默默地自我调节悲伤或者愤怒的情绪。他们要在人前展现完美，所以从不请求他人帮助，一切问题都自己扛。

第三种则把高标准严要求的对象拓展到其他人身上，要求他人也要十全十美。"他们把对自己的要求也强加给别人，觉得这样才公平。"弗莱特说。这类人往往处理不好人际关系，婚姻一般会遭遇失败。

如果完美主义者学会制定现实的目标，将会受益很多。通常，一个完美主义者未能达成既定目标，譬如跑完800米，他会制定一个更高的目标来补偿，所以，第二天他就会努力跑1000米。要求完美主义者降低自我标准是一件非常困难的事情，"因为你要求他们做的事情正是他们所抵制的"，休伊特说。他认为，对于完美主义者的治疗，应该对症下药，寻找病源。"我更多地致力于寻找追求完美的原因——被接受、被关爱的需要，"休伊特说，"那些人际间的需要才是驱动完美主义行为的原因。"譬如，一些完美主义者认为，如果他们表现不完美，就没有人疼爱。而事实上，真正的完美不可能实现，所以，他们永远也感受不到被爱。弗莱特说，他们并不知道，爱不以成就为标准；学会接受自己和别人的缺点，不是导致平庸，而是通向美好生活的通途。

普罗沃斯特进行了一项试验，她要求治疗小组成员克制追求完美的本能冲动，懈怠既定目标，学会偷懒。"这在他们眼里就是失败，可在很多人看来并非什么大事。"所以，不妨按时下班，不早到，所有休息时间都用来休息，让办公桌上堆得一团糟，允许自己几次未能按既定计划完成工作。然后问问自己："你受处罚了吗？生活还正常吗？你是不是更加快乐？"普罗沃斯特说："他们会很惊讶地发现，一切照常运转，曾经非常担心的事情其实并没有那么重要。"

心理体验

我的优势卡片

正如世界上没有完全相同的两片树叶一样，每个人都是独一无二的，都有自己独特的优势。让我们一起来探索自己身上的优势……

1. 写下自己认为自己有的优势。

2. 大家分小组探索每位小组成员的优势。从任何一位小组成员开始，大家看着他并轮流说出他的优势，接着轮到大家探索下一位成员，直到每位小组成员被探索到。

3. 直到所有小组成员探索结束后，请凭记忆写下他们认为自己有的优势。

我的优势卡片

我认为我有的优势有：

1. _____
2. _____
3. _____
4. _____
5. _____
6. _____

他们认为我有的优势有：

1. _____
2. _____
3. _____
4. _____
5. _____
6. _____

心理活动

正视不满意的你

1. 找出不满意的你

我不满意自己的生理 _____

我不满意自己的心理 _____

我不满意自己的社会 _____

我无法改变的特点有 _____

我可以改变的特点有 _____

2. 接受不可改变的你

辩论：两个人一组，先围绕一方不满意自己但又无法改变的特点进行理性的辩论，直到他能够真正地接受它的存在；然后再对另外一个人的不满意但又无法改变的特点进行辩论，直到他也接受这一特点。

注意：辩论时切忌争吵，而是有智慧地引导对方接受自己本身无法改变的特点。如：

A：我对自己的眼睛不满意，它们比较小而且还是单眼皮，显得很没精神。

B：有没有精神不是眼睛大小决定的，而是透过眼神流露出的你的内在状态。比如当你高兴时，眼中会有光，沮丧时眼神就显得很黯淡。

A：嗯，这倒是真的。

B：况且现在很多明星也是单眼皮，但它们也很受欢迎啊。所以有人说，现在是"单眼皮时代"了！

A：真的吗？看来单眼皮也不一定就很丑。

B：当然啦，只要你心情好，小眼睛也很有魅力的！

心理点拨：凡是自己拥有的，若不能改变，都要接受它，不要认为是缺点或坏东西，因为人无完人！放弃追求完美，放弃对自己的求全责备，其实是一种真正的智慧。

拓展阅读

只要是人，就会不完美

心灵的阴影包括了许多层面：胆怯、贪婪、恼怒、自私、懒惰、丑陋、轻浮、脆弱、报复心、控制欲……总之，那些存在于我们身上，而我们又往往极力掩饰和压抑的特质，全都属于阴影的范畴。

这些特质并不会因为我们的否认而消失，只会在潜意识中隐匿起来，悄悄影响我们对自己的认同感。当我们偶然接触到自身阴暗面的时候，第一反应往往是想要逃避，想撇清与这些"消极"特质的关系，哪怕花费大量的时间和金钱也在所不惜。然而，恰恰是这些特质最需要我们关注，因为它们可以给我们带来最宝贵的收获。

如果我们故意忽视"消极"特质的存在，它们就会尽量唤起我们的注意，当我们的注意力稍微松懈的时候，它们就立即从潜意识里重新浮现出来。为了压抑它们，我们需要付出大量的精力，而这种付出完全没有意义。

诗人罗伯特·布莱（Robert Bly）把阴影形容为"每个人背上负着的隐形包裹"，我们在长大成人的过程中，会把越来越多的东西塞进包裹里。布莱认为，在生命的前几十年里，我们总是努力想把包裹填满，而在生命的后几十年里，又会努力把包裹清空，减轻肩上的负担。

大多数人都对自己内心的阴暗面感到恐惧，不愿正面以对，殊不知，只有拥抱心灵的阴影，找回完整的自我，才能获得真正充实幸福的生活。把"知识"和"经验"混为一谈，或许是信息时代人们最大的误区。我们往往觉得自己"知道"某件事情，于是就不愿去切身体验。对内心阴暗面的探寻，并不是知性的活动，而是用心去体验、去感觉的过程。许多人参加过心理培训课程之后，觉得自己已经什么都知道了，但是他们并没有用心去体验自我，所以也没有任何实质性的收获。要追求光明，就必须体验阴暗；要追求自由，就必须体验完整的自我。这样的体验过程并不是一蹴而就的，而是长期的、连续的。不管你承不承认，既然你是人，内心就必然有阴影。如果你自己意识不到的话，不妨问问你的家人、朋友或是熟人，让他们把你心中的阴影指给你看。我们总以为自己可以把阴暗面掩饰得天衣无缝，但是那些被我们刻意压抑的特质，总能找到机会显露出来，让周围的人们看见。

承认和接纳完整的自我，意味着平等对待自己的每一项特质，既不刻意彰显，也不刻意压抑。单是大声说出来"我知道我的控制欲很强"并不够，我们还必须了解控制欲能给我们带来什么，接受它的馈赠，用包容的眼光来看待它。

很多人以为，天赐的东西必然是完美的。实际情况则截然相反。要达到天人合一的境界，就必须拥有完整的自我，而完整是美与丑、善与恶、积极与消极的调和。只有接纳了自己内心的阴影，我们才能得到它的馈赠，这就是荣格所谓"金子总是隐藏在暗处"的含义。

心灵感悟

我对他们说……

伤心的人："我很矮""我长得不漂亮""我太胖""我眼睛很小"，我的爸妈为什么就不能给我一副好身材、一张靓面孔呢？和同学尤其是那些帅哥靓女在一起，我都羞于抬头挺胸，我不敢谈笑风生，有时甚至会觉得无颜见人。

我说 _____。

泄气的人：我读书真的很用功，可我的成绩还是那么差，我不是块读书的料，将来能干什么呢？

我说 _____。

苦恼的人：我是个性格内向的人，从小就胆小怕羞，不太敢在人前说话。现在我想改变这种情形，可我又担心说错了别人会笑话我。

我说 _____。

心烦的人：我是一个比较追求完美的人，事事都力求要做到最好，让每个人都能满意。可是无论我怎么努力，总是有人说不好。

我说 _____。

无望的人：我是个有先天残疾的人，现在四肢健全的人都不容易成功，更何况我呢？

我说 _____。

寄语今天的我：

我虽然有小小的眼睛，可是我仍然能懂得世界。

我虽然有厚厚的嘴唇，可是我能够表达关怀。

……

下面，请把你想说的一切，告诉今天的自己吧！

_____

_____

_____

_____

_____

心理实验

想曾经发生的错误或辉煌哪个提高成绩

　　多想自己曾经发生的错误，还是多想自己曾经获得的辉煌？哪个办法更有助于提高学生的考试成绩？

　　有一种假设：高考前，老师如果告诉学生，回想自己曾经发生的错误，这样可以避免自己犯同样的错误，可以因此而提高考试成绩。

　　也有另一种假设：高考前，老师如果告诉学生，回想自己曾经获得的最辉煌的事件，这样可以让自己更有信心，可以因此而提高考试成绩。

　　究竟哪个假设是对的？有心理学研究者做过相关的实验研究。研究结果显示：高考前，老师如果告诉学生，回想自己曾经获得的最辉煌的事件，这样可以让自己更有信心，可以因此而提高考试成绩。

第 7 课 ▶ 情绪的调适

　　唯有恰如其分的感情才最容易为人们所接受，所珍惜。

——蒙田

　　任何时候，一个人都不应该做自己情绪的奴隶，不应该使一切行动都受制于自己的情绪，而应该反过来控制情绪。无论境况多么糟糕，你应该努力去支配你的环境，把自己从黑暗中拯救出来。

——罗伯·怀特

　　成功的秘诀就在于懂得怎样控制痛苦与快乐这股力量，而不为这股力量所反制。如果你能做到这点，就能掌握住自己的人生，反之，你的人生就无法掌握。

——安东尼·罗宾斯

温暖的阳光，清凉的海风，蔚蓝的天空，无际的草原等，都会使人心旷神怡；阴暗的天气，嘈杂的市场，拥挤的街道，污浊的空气等，很容易会使人烦躁不安。情绪无时无刻不在我们身边，情绪的产生，虽然与生活环境中的人、事、物的变化有关，但更是与个人的认知密切相关。

下面这个小故事，和人的情绪有关。读完后请想一想：我们该如何面对情绪，如何调适情绪呢？

心理故事

关于情绪的小故事

一个老太太有两个女儿，大女儿嫁给一个卖雨伞的，二女婿则靠卖草帽为生。

一到晴天，老太太就唉声叹气，说，"大女婿的雨伞不好卖，大女儿的日子不好过了。"可一到雨天，她又想起了二女儿："又没有人买草帽了。"所以，无论晴天还是雨天，老太太总是不开心。

一位邻居觉得好笑，便对老太太说："下雨天你想想大女儿的雨伞好卖了，晴天你就去想二女儿的草帽生意不错，这样想，你不就天天高兴了吗？"

老太太听了邻居的话，天天脸上都有了笑容。

一、什么是情绪

所谓情绪，是指个体受到某种刺激所产生的一种身心激动状态。在情绪状态下伴随产生的生理变化与行为反应，当事人往往不易控制。如：一个学生快要期末考试了，他明知道应把所有的精力都放在学习上，却由于某些事情的干扰，总是焦虑，不能专注地学习。

人类的情绪是非常复杂的。由情绪的含义可以看出，情绪包括外显行为、内在体验的生理唤醒等成分。它既是人对周围事物的态度的反映，也是人对自己所遇事物满意程度的反应，是一个动态的过程。

情绪不是自发的，大多是外在的，是由引起情绪的刺激所产生的。客观事件或情境对人的意义可以有积极的性质，也可以有消极的性质。因此，情绪也有肯定与否定之分。对人有积极意义的事件可以引起肯定性情绪，如快乐、喜欢、高兴等；对人有消极作用的事件可以引起否定性情绪，如悲伤、厌恶等。

有一些情绪是由人的内在生理变化引起的，如腺体的分泌，器官的失常或一些内在的心理活动，记忆、想象等也会产生不同的情绪。

每个人所体验的情绪性质，是主观的，不是客观的。不同的主体对同一件事可能会产生不同的情绪体验。例如：老师在课堂上批评两个上课说话的同学，其中一个觉得老师是为了他好，是对他关心，虽然当时有些不好意思，很快就过去了；而另一个同学则认为老师是在故意刁难他，当众让他出丑，是对他的打击报复，所以产生了十分痛苦的情绪。

二、情绪的种类

1. 与自我评价有关的情绪

成功与失败、骄傲与羞耻、内疚与悔恨等是与自我评价有关的情绪，这些情绪决定于一个人对自身行为与客观行为标准的关系的知觉。

（1）成功与失败情绪

一般以个人的自我知觉、自我渴望水平来确定。当感到已经达到或超过所渴望的水平，就产生满意的情绪；如果他认为没有达到他渴望的水平，就会产生失败和沮丧的情绪。但是成功与失败的行动标准并不只取决于个体的内部标准，社会因素也起着巨大的作用，即别人的认可与评价。

（2）骄傲与羞耻情绪

一般来说，骄傲的情绪是一个人知觉到他的行为是符合理想自我的概念时产生的，相反，羞耻的情绪是知觉到他的行为达不到自己的理想要求时产生的。

（3）内疚与悔恨情绪

内疚的情绪是主体知觉到个体在一定情境中的行为与这种情境要求的合理的、道德的或伦理的行动相背离时而引起的。悔恨是个体意识到自己的行为给他人造成了不良后果，从而产生感情上的自罪与自责。悔恨还包括当事者主观希望自己今后不再做类似的事情。内疚与悔恨有助于规范人的行为，培养道德意识，有助于个体意识到自己的行为后果和对行为的预期以及体验他人的感受。

2. 与他人有关的情绪

发生在人与人之间的情绪种类似乎无限繁多，按照积极与消极的程度，可以把它们分为爱和恨两大类：爱就是与他人认知的沟通，能够认可他人言行的一种反应；恨则与之相反。

（1）爱

爱是对他人肯定的情感，它与喜欢相联系。在爱的作用下，个体常常体验到一种献身感。爱有许多种，母爱、亲情之爱、恋人之爱、对祖国和人民的爱，等等。一般来说，爱具有积极的意义，它促使人们为所爱的对象工作、学习、献身。

（2）恨

恨是对他人否定的情感，它与愤怒相联系。恨这种情感体验的结果是个体力求摧毁所恨的对象。不喜欢或厌恶等否定情感与恨不同，它们只导致个体远离对象。恨的消极作用在于它的破坏性，它导致个体报复恨的对象，甚至做出许多不理智的行为来摧毁对象。但是，恨也有积极的作用，如对敌人的仇恨可鼓舞将士奋勇杀敌。

三、健康情绪的标准

一般意义上，判断情绪健康的标准有以下三点：

（1）情绪的目的明确、表达恰当

情绪健康的人能通过语言、神态、行为准确地传达自己的情绪，并能采用自己和社会都可以接受的方式去释放、表达或宣泄这种情绪。

（2）情绪反应适时、适度

具有健康情绪的人，做出的情绪反应无论是积极的，还是消极的，总是能够找到原因的。情绪反应的强度与引起该情绪的情境相符合，反应发生和持续的时间与反应的强度相适应。

（3）要积极情绪多于消极情绪

情绪健康的人，积极性质的反应多于消极性质的反应，并且消极情绪持续的时间较短，反应的强度较轻，也不会无缘无故地牵涉那些与引发消极情绪无关的人和事，情绪反应的对象或指向非常明确。

心理知识

最基本的四种情绪

快乐情绪——喜

喜是一个人追求并达到目标的情境。目的达到和紧张解除的突然性，可以影响快乐的强度。快乐的强度依赖于自己在追求的行动过程中所达到的紧张水平，因为快乐是目的达到、紧张解除时的情绪表现。

愤怒情绪——怒

怒是由于被妨碍达到目的，特别是由于顽固的阻碍未能达到目的，随之而逐渐积累起的紧张。大部分愤怒的引起，似乎依赖于对达到目的的障碍能够被认出的程度。假如一个人完全看不到有什么妨碍他达到目的，愤怒多半不会发生。但是，假如他正确地或错误地看到有一个障碍引起这个困难，特别是在他看来，这个阻挠是不合理的，或是故意的、恶意的，则愤怒更易产生，并且会引起对阻挠对象的进攻行动。

恐惧情绪——惧

惧是一种企图摆脱危险的、逃避的情绪。恐惧或许比任何一种情绪更具有感染力。一个旁观者看到或听到在恐怖状态中的其他人时，即使在他所处的环境中没有任何能引起恐怖的原因，也常常会引起恐慌。

悲哀情绪——哀

哀与失去某种所追求的或所重视的东西有关。悲哀的强度依赖于所失去东西的价值，例如极度的悲伤常常是由于失去亲人所引起的，深切的悲哀情绪同样也可以由失去贵重东西所引起。人们发现了一些不太典型的悲哀反应：长期悲伤，这是悲哀情绪的变态延续；被抑制了的悲伤，在这种情况下，人们拒绝悲哀的事实已经发生，代替的情绪反应是情绪执着和易激动；还有迟延的悲哀，在这种情况下，几周、几个月甚至几年都没有直接的情绪反应。

四、中职生情绪的特点

中职生精力充沛，朝气蓬勃，富有激情，但他们尚处于心理发展走向成熟的过程中，情绪比较不稳定。对外界反映十分敏感，情绪表达常常带有较强的冲动性。他们的情绪内容非常丰富，他们渴望自己具有崇高的道德情感、社会公德情感、爱国主义情感、理智感、荣誉感等。在这个时期，他们会产生许多复杂的情感体验，众多的矛盾冲突也会带来巨大的心理震荡，心理学家把中职生的这个时期称为"疾风怒涛"时期。

中职生处于这一时期的情绪活动具有以下三个特征：

（1）情绪强烈、不稳定，具有两极性

中职生的情绪带有明显的两极性，容易走极端，情绪高涨时像火山，情绪低落时又像冰川。有时一个眼神或一句表扬，便会使他们受到鼓舞，感到激动。当他们取得成绩时，兴高采烈，沾沾自喜，甚至得意忘形；遇到挫折时，又会悲观失望，心灰意冷，甚至一蹶不振。

（2）情绪反应迅速，具有冲动性

中职生由于自我意识发展还不够成熟，强烈的情绪一旦爆发便难以控制，有时还可造成一些连他们自己都不希望出现的后果。

例如：中职校园里因琐事发生口角，导致拳脚相加，甚至事态扩大，酿成多人参加的校园持械殴斗事件，严重破坏了学校的正常教学秩序，造成恶劣影响。事后，同学们在反思这一事件时说："当时也知道打架不对，可就是太冲动了，控制不住。"

（3）情绪内容丰富，具有多样性

中职生情绪内容的丰富性与深刻性较之中学生有了很大发展。进入中职后，由于生活领域的扩大，学识的增长和自我意识的增强，中职生的精神世界也迅速扩大，他们有着强烈的求知和成才欲望，能够自觉地学习科学文化知识；他们十分渴望得到成人的理解与尊重；十分渴望与同龄人广泛交往，同时，又特别重视友情并讲义气，渴望生活在友爱的集体中。独立、尊重、理解、交往、成才……如此广泛的需求决定了中职生情绪活动的丰富性、多样性。

随着中职生的诸多需求开始走向高峰，根据各种需求得到满足与否，中职生的情绪变化非常大，所以这个时期，中职生特别要有意识地加以自我调节，努力培养自己优良的情绪，克服纠正不良的情绪，做一个情感高尚的人。

五、中职生常见的情绪障碍

中职生作为一个特殊群体，面对纷繁复杂的社会，除了要处理好学习、生活、工作、交友之间的关系，同时还要承受进一步深造或就业的压力。竞争的日趋激烈，以及他们对自己情绪的控制能力尚未成熟，使得中职生情绪上的困扰和障碍时有发生，这种不良情绪持续时间过长，将会严重影响中职生的学习和生活。

1. 抑郁

最常见的情绪障碍之一是抑郁。据统计，全世界有 4%～5%的人群在生命中的某个时期可能出现抑郁。比较严重的抑郁情绪会对中职生正常的学习、工作和生活产生明显的影响，更严重者还会反复出现自杀的念头甚至付诸实践。

- 抑郁的认知症状包括：自我批评、无望感、自杀思维、无法专心和全面看问题的消极感。
- 与抑郁有关的行为变化包括：与他人交往时退缩，不像以往那样从事许多享乐或愉快的活动，也无法振作起来开始一些活动。
- 与抑郁有关的生理症状包括：失眠、比以前睡得更多或更少、疲倦、比以前吃的更多或更少，体重变化。
- 伴随抑郁的情绪症状有：悲哀、暴躁、愤怒、内疚和紧张。对大多数人来说，睡眠障碍、食欲下降、愤怒等问题与抑郁有关。

2. 冷漠

心理学家一般认为，**冷漠是个体对挫折情境的一种自我逃避式的退缩性心理反应，它带有一定的自我保护或自我防御性质。**

从表面上看，冷漠的人似乎对什么都不感兴趣，也不在乎，对周围的人和事总是无动于衷。按理说，在中职学校的生活应该是人一生中最多姿多彩、最富有热情的时期。然而，有的中职生会有一种"说不清"的压抑感，他们的内心充满痛苦。

3. 狂喜

快乐的情绪对于每个人的身心健康和学业、事业的成功都大有裨益。积极的情绪虽有助于身心健康，但是，没有节制的"快乐"则南辕北辙，不仅伤身，还会在事后感到空虚，形成精神上的压力。

就中职生而言，常见的狂喜情绪表现为：遇到一点儿高兴事就欣喜若狂、忘乎所以；为取得的一点儿成绩而沾沾自喜，长时间不能进入正常的学习、生活或工作状态；为满足兴趣爱好，尽情地投入（如运动、打牌、下棋、上网、跳舞等），以至于精疲力竭，无心学习或工作。由此可见，反应时间过长、程度过高、持续的狂喜情绪会"乐极生悲"，对身心大大不利。

4. 自卑

中职生因为自身或社会评价往往产生自卑心理。**自卑是一种带有自我否定倾向的情绪体验，是对自我的轻视或不满，总觉得自己不如别人。**

从外观上来看，自卑情绪体验较多的人常常少言寡语，多猜疑，不愿与人交往，行动上易退缩、易放弃。一般说来，轻微的自卑大多与某些具体的挫折经历，特别是与失败经历密切相关，经过及时调整，很快会得以克服；过度的自卑则可能与屡遭失败有关，而且会自我泛化，即把具体的失败体验无根据地泛化到所有的事情上，从而导致长时间的消沉不振，严重时会引起自毁行为的发生。

5. 自负

自负是与自卑相反的一种情绪体验，它是一种过度的自我接受。通常表现为自以为是，轻视他人。自负情绪会助长自私心理，容易破坏人际交往。

中职生的自负情绪虽不像少儿那样"直白""外露"，但仍有言行上的显露，比如爱挑别人的毛病，很难听到他（她）对别人的肯定性评价，对于别人的言行或成绩不屑一顾等。

自负情绪的产生往往与自我认知和对他人的评价有关。有人是因为自我评价过高，而他人评价过低而导致这种情绪的。通常那些家庭条件优越、知识面宽、学习好、个人经历顺利、某方面能力较强的中职生，容易产生自负情绪。

6. 愤怒

引发愤怒的事件类别与个人的经历、信念以及个人的生活规则有关。引发愤怒的事件类别也会因人而异。例如，有的人可能因排队而愤怒，却能镇静地倾听班主任对其行为表现的批评；有的人可能可以安心地排队，但对于任何同学批评他的缺点却会强烈地反击。

在特定的情境里，愤怒的程度受到对事件意义解释的影响。有时候，愤怒是非常正常的。太频繁的发怒，或是不会发怒，都可能成为问题。

愤怒情绪的程度可由暴躁到震怒。

- ◆ 愤怒情绪的认知反应包括：别人的威胁或伤害、规则受到破坏、受到不公平待遇。
- ◆ 与愤怒有关的生理反应有：肌肉紧张、血压升高、心率加快。
- ◆ 行为上可能采取的方式有：防卫或拒绝、攻击或争辩退缩，借此达到处罚或保护的目的。

7. 焦虑

"焦虑"这个词可用于描述许多问题，其包括：恐怖（对特殊物体或情境的惧怕，例如高度、电梯、昆虫）、惊恐反应（强烈的焦虑感，在该情境里，人们感觉他们快疯了或快死了）、精神创伤后应激障碍（可怕创伤的记忆，重复出现且伴随高度的烦恼）、强迫性神经症（重复或不断地思考或做同样的事情）和广泛性焦虑障碍（多数时候体验到忧虑和焦虑相混合的症状）。

我们还可以用"焦虑"这个词来描述面对生活困难时所感受到的短暂的紧张或惧怕。焦虑情绪是中职生所体会到的最令人烦恼的情绪之一。

- ◆ 焦虑的生理反应通常是：双颊发红、掌心冒汗、肌肉紧张、呼吸困难、头昏眼花和心跳加速。
- ◆ 与焦虑有关的行为反应有：避免可能产生焦虑的情境；当焦虑开始出现时，离开那种情境；总想把事物做得完美；千方百计地控制局面以防危险发生。
- ◆ 伴随焦虑而来的情绪症状有：紧张、暴躁和惊恐。
- ◆ 降低焦虑频率和强度最有效的方法通常有：认知重组、松弛训练（如肌肉渐进放松、呼吸控制、想象图像、分心法）、克服逃避和药物治疗。

六、中职生情绪的调适

1. 情绪控制的一般步骤

在人的所有行为中，唯有情绪是最活跃的，并对其他行为起着推动作用。人们对于情绪必须学会调控疏导并利用它，让它发挥应有的功效。对于不良的情绪或不适当的情绪，如狂喜、暴怒、恐惧、焦虑、紧张等，人们首先应当勇敢地正视它们，然后再理智地寻找产生它的原因与适当的解决方法。对于情绪可分三个阶段来控制：

情绪调节方
抑冲动而沉静，异低落而振奋，做已情绪主人，塑我积极人生。

第一步，承认自己的某种情绪的存在。

坦率而勇敢地面对某种不良情绪，这是控制解决它的基础。如果相反，采取回避或逃避的态度，则永远也解决不了问题，永远会受不良情绪的控制。

第二步，理智地寻找产生不良情绪的原因。

中职生要弄清楚影响情绪的因素是解决问题的关键。比如对恐惧，我们必须找到是什么原因形成我们的恐惧感。经过理智的研究后我们看清了引起我们恐惧的事物并不真的"可怕"，恐惧情绪就会立即消除了。

第三步，寻找适当的方法解决不良的情绪。

当第二阶段的分析发现了真正的问题，许多情况确实存在之后，便要找出最合适的办法来消除其不良影响。比如恐惧，我们得具体了解它真实的危险性所在、危险的程度和可能防卫的办法有哪些。也正是因为人们勇敢地面对了它，分析了它，进而采取了相适应的安全控制措施，而这些安全措施更好地帮助我们消灭和减轻了恐惧的情绪。

2. 调整情绪障碍的方法

（1）哭——适当地哭一场

在悲痛欲绝时大哭一场，可使情绪平静。哭是解除紧张、烦恼、痛苦的好方法。美国专家威费雷认为，眼泪能把有机体在应激反应过程中产生的某种毒素排出去。从这个角度来讲，遇到该哭的事情忍住不哭就意味着慢性中毒。

（2）喊——痛快地喊一回

当受到不良情绪困扰时，不妨痛快地喊一回。通过急促、强烈的、无拘无束的喊叫，将内心的积郁发泄出来，也是一种方法。

（3）动——进行剧烈的运动

当一个人情绪低落时，往往不爱动，越不动注意力就越不易转移，情绪就越低落，容易形成恶性循环。因此可以通过跑步、打球等体育活动改变不良情绪。

（4）找人倾诉

俗话说"快乐，有人分享，是更大的快乐；痛苦，有人分担，就可以减轻痛苦"，不愉快的事情隐藏在心理，会增加心理负担。如找人倾吐烦恼，心情就会顿感舒畅。还可以找心理咨询员进行咨询，让他们帮助消解烦恼。

（5）转移注意力

转移注意力就是把注意力从引起不良情绪的事情转移到其他事情上，可以做一些自己平时感兴趣的事，做一些自己感兴趣的活动。如游戏、打球、下棋、听音乐、看电影、读报纸等，还可以外出旅游，到风景优美的环境中玩一玩，这样就可以使人从消极情绪中解脱出来，从而激发积极、愉快的情绪反应。

（6）纠正认知偏差

"人受困扰，不是由于发生的事实，而是由于对事实的观念。" 决定情绪的是人的认知，主动调整自己对事情的看法，纠正认识上的偏差，多从光明面看问题，就可减弱或消除不良情绪，变阴暗为晴朗。

心理测验

测测你的脾气怎么样

下面有 8 个选择题，可以测量你的脾气。心理医生认为，对愤怒的感受加以强制堵塞，便可能化为沮丧、紧张的情绪，还可能引发疾病的侵袭。这个小问卷可以帮助你了解自己的脾气。

测验

下面有 8 个题目，请你在甲、乙、丙三个选择中，选出哪一句话最适合于你。

1. 遇到令人恼怒的事情
（甲）我会大吼出声，让每个人都知道我的愤怒。
（乙）我一句话也不说，好像变了一个人似的。
（丙）我尽量不发脾气，争取用有效的方法解决麻烦。

2. 当我感觉受到伤害时
（甲）如果我觉得确有必要，就把它说出来。
（乙）我当场就说出来。
（丙）由于非常痛心，也许我永远不会把它说出来。

3. 当别人冲我发脾气时
（甲）我时常想办法平息他的怒气或者干脆走开。
（乙）我会听他说些什么，然后劝他冷静下来，让彼此能够谈谈。
（丙）我觉得这是正常行为，因为我也会发脾气。

4. 与家里人发火时，你会摔东西吗？
（甲）有时候会。
（乙）只有在吵过架，事过之后才会。
（丙）从来不会。

5. 你认为吵架会破坏爱情吗？
（甲）是的，我认为会。
（乙）并非如此，我认为建设性的吵架还能增进爱情。

（丙）不见得，也许有那个可能。

6. 遇到困难，你是否会把怒气发泄在离你最近人的身上？

（甲）从来不会。

（乙）经常如此。

（丙）尽量不这样。

7. 在学习和工作期间，你曾向人发脾气吗？

（甲）有过。对同学或同事。

（乙）有过。对老师或领导。

（丙）从来没有过。

8. 如果你被拉去和一位令你生气的人讨论事情，你会

（甲）尽快退出讨论会。

（乙）不愿动怒，而且迁就他。

（丙）告诉他，他错在那里。

评分表

1.（甲）2（乙）0（丙）1
2.（甲）1（乙）2（丙）0
3.（甲）0（乙）1（丙）2
4.（甲）2（乙）1（丙）0
5.（甲）0（乙）2（丙）1
6.（甲）0（乙）2（丙）1
7.（甲）2（乙）1（丙）0
8.（甲）0（乙）1（丙）2

分析

0~5分：这样的低分数表示，你出于某种理由而很怕生气——不但怕自己生气，也怕别人生气。心理学者认为你很内向，不愿将自己的内心显现于众人，你甚至自以为是属于那种"从来不生气的人"。事实上，你可能在欺骗自己。

6~11分：该得分属于普通"正常"的脾气。你往往能够领悟自己是否在生气，而且能适当地表现出来。大致上，你不是个容易发脾气的人，主观上也不严格控制情绪外露。不过，因为你想做个有理性的人，可能会稍微压制脾气，不让自己把感觉强烈地表现出来。

12分以上：你在愤怒的表达上没有任何困难。换言之，该发脾气就发，这往往是件好事，只是你自己可能让他人看起来害怕，觉得你有敌意、粗暴。你对生活的情节颇为敏感，有时甚至无法抑制自己的情绪表达。心理医生告诫你：小心为妙！

测测你的忧郁指数

美国新一代心理治疗专家、宾夕法尼亚大学的伯恩斯（David D. Burns）博士曾设计出一套忧郁症的自我诊断表"伯恩斯忧郁症清单（BDC）"，这个自我诊断表可

帮助你快速诊断出你是否存在着抑郁症，且省去你不少用于诊断的费用。

请在符合你情绪的项上打分：

没有 0；轻度 1；中度 2；严重 3。

1. 悲伤	你是否一直感到伤心或悲哀？
2. 泄气	你是否感到前景渺茫？
3. 缺乏自尊	你是否觉得自己没有价值或自认为是一个失败者？
4. 自卑	你是否觉得力不从心或自叹比不上别人？
5. 内疚	你是否对任何事都自责？
6. 犹豫	你是否在做决定时犹豫不决？
7. 焦躁不安	这段时间你是否一直处于愤怒和不满状态？
8. 对生活丧失兴趣	你对事业、家庭、爱好或朋友是否丧失了兴趣？
9. 丧失动机	你是否感到一蹶不振，做事情毫无动力？
10. 自我印象可怜	你是否以为自己已衰老或失去魅力？
11. 食欲变化	你是否感到食欲不振？或情不自禁地暴饮暴食？
12. 睡眠变化	你是否患有失眠症？或整天感到体力不支，昏昏欲睡？
13. 丧失性欲	你是否丧失了对性的兴趣？
14. 臆想症	你是否经常担心自己的健康？
15. 自杀冲动	你是否认为生存没有价值，或生不如死？

总分：测试完之后，请算出您的总分并评出你的忧郁程度。

自测答案

0～4 分：没有忧郁症；

5～10 分：偶尔有忧郁情绪；

11～20 分：有轻度忧郁症；

21～30 分：有中度忧郁症；

31～45 分：有严重忧郁症并需要立即治疗。

假如你通过 BDC 忧郁症清单测试表测出你患有中度或严重的忧郁症，我们建议你赶紧去接受专业帮助，因为当你需要援助而没有及时地寻求援助时，你可能被你的问题击溃。

自我放松训练

　　现代社会，工作、生活压力巨大，紧张、焦虑司空见惯，下面给大家介绍三种简单易学的自我放松训练法。大家可以在忙碌的间隙时段，通过自我放松来调节身心。

1. 腹式呼吸法

　　与我们平常的呼吸相反，**腹式呼吸法是指吸气时让腹部凸起，吐气时压缩腹部使之凹入的呼吸法。**腹式呼吸让横膈膜上下移动，吸气时横膈膜下降，吐气时横膈膜会比平时上升的幅度更大，因此可以进行尝试呼吸，吐出较多停滞在肺底部的二氧化碳废气，有效地增加身体的气体供给，血液得到净化，肺部功能也更加强壮。

放松方法

　　Step1：深吸气 3～5 秒，吸气深长而缓慢，腹部慢慢鼓起。请注意一定是用鼻呼气。

　　Step2：屏息 1 秒。然后再想象一下让你开心的、能给你能量的东西长什么样子。同样以小 a 的想象为例：小 a 想象中的能量是蓝色的、泛着星星点点的光，耀眼温暖。

　　接下来跟着小 a 练习一遍腹式呼吸：

　　闭上眼睛，深深地吸一口气，吸进了蓝色的、泛着光芒的能量和生命的阳光，手放在腹部，感觉到腹部鼓起来了。再慢慢地呼气，吐出去的是胃部的黑色颗粒，手感觉到腹部凹进去了。缓缓地一吸一呼，一吸一呼，小 a 感觉自己很舒服，暖暖的，充满了能量，那些黑色的颗粒变得模糊了、减少了。

推荐配乐

　　班得瑞《Golden Wings》——由风声中飘扬的双簧管开始，与横笛交送出梦幻般的空间，四周不时响起的风铃声和远处隐约朦胧的弦乐，像夏季降下湖畔的晨雾，浑身清凉却又暖在心头。

2. 渐进式肌肉放松法

　　你有没有过这样的体验？当你感到紧张不安或焦虑烦躁时，身上的某一部位的肌肉就会感到紧绷。渐进式肌肉放松法的原理是先感受紧张再体验松弛。学会以后时常练习可以快速放松身心。

放松方法

　　先闭上眼睛做几个深呼吸，然后开始依次先紧绷再放松自己身体的各个部位。再次强调，请注意到这些部位紧张时、变幻时、松弛时的感觉，细细体会其间的不同。为了避免肌络损伤，请切记动作一定要轻柔。

　　Step1 **头部**：用力皱紧眉头，保持 10 秒钟，然后放松；用力闭紧双眼，保持 10 秒钟，然后放松；皱起鼻子和脸颊部肌肉，保持 10 秒钟，然后放松。

Step2 颈部：头尽可能向后仰，似乎要碰到自己的后背，保持 10 秒钟，然后放松；让头自然下垂，仿佛下巴要碰到胸口，保持 10 秒，然后放松。

Step3 肩膀：绷紧肩膀，让肩膀高高抬起，似乎要碰到自己的耳朵，保持 10 秒，然后放松。

Step4 手臂：将两侧小臂弯起来，放在身体两侧，靠近肩膀，然后整个手臂一起用力紧绷，维持 10 秒，然后放松；向前平伸双臂，肘部绷紧，维持 10 秒，然后放松。

Step5 手部：双手用力握拳，用最大的力气去握紧，保持 10 秒钟，然后放松。

Step6 背部：将双肩用力往后扩，体会背部肌肉的紧张感 10 秒钟，然后放松；向后用力弯曲背部，努力使胸部弓起，挤压背部肌肉 10 秒钟，然后放松。

Step7 腹部：尽量收紧腹部，好像别人向你腹部打来一拳，你在收腹躲避，保持收腹 10 秒钟，然后放松。

Step8 腿部：绷紧大腿和臀部，并将腿伸直上抬，好像两膝盖间夹着一枚硬币，保持 10 秒钟，然后放松；将双脚向前绷紧，体会小腿部的紧张感 10 秒钟，然后放松；将双脚向膝盖方向用力弯曲，保持 10 秒钟，然后放松。

Step9 脚部：将脚趾慢慢向下弯曲，仿佛用力抓地，保持 10 秒钟，然后放松；将脚趾慢慢向上张开，而脚和脚踝不动，保持紧张 10 秒钟，然后放松。

Step10：用心感受一下全身，看看还有没有残余的紧绷。如果某个部位还是很紧张的话，这组肌群再重复做一两次绷紧放松的练习。

Step11：现在想象一股很放松的感觉像波浪般慢慢地散布全身，从头开始，慢慢地渗透到每组肌群，直到脚趾。

以上从头到脚的肌肉放松连续完成，所谓放松是指努力体会肌肉结束紧张后舒适、松弛的感觉，比如热、酸、软等感觉。每次绷紧 10 秒后，可用 15 至 20 秒钟左右的时间来体会放松感。所有动作应熟练掌握到能连续完成（熟练掌握后，10 分钟左右即可完成），并在各种情境下都能自如运用。你可以在早晨醒来后和夜晚临睡前各做一遍，或者在感到焦虑紧张时做，效果会很不错的。

推荐配乐

雅尼《夜莺》——淡淡的弦乐远远地响着，西洋箫开始吹出柔美悠远的旋律。就像月夜下，空旷的原野中，夜莺开始歌唱。整个曲子风格清朗，明媚一如春天的阳光，洒进我们为生活而疲累的心之角落。

3. 想象式放松法

想象放松法是另一种常用的通过自我放松去控制情绪、缓解压力的好方法，它是用心理过程来影响生理过程，从而解除紧张、焦虑的情绪。通过想象，在短时间内放松、休息、恢复精力，让自己精神得到小憩，你会觉得安详舒适、平和宁静。

放松方法

现在闭上眼睛来想象一下……

想象你来到了一片宽阔无垠的草坪，绿草如茵，草坪厚厚的，软软的。你躺了下来，微风拂面，你闻到了泥土和青草的气息，你的周围开满了鲜花，五颜六色，你闻到了花的香味，花朵周围有几只蜜蜂和蝴蝶在轻轻飞舞，你听到了蜜蜂的嗡嗡声。你的左边是一汪湖水，碧波粼粼，有几只鸭子和天鹅在轻轻地游动。湖边有几棵柳树，万条垂下绿丝绦，柳枝随风摇曳。你的右边是一片树林，树林密密的，林间有条小路，弯弯曲曲非常幽静，你听到了昆虫的鸣叫声。你的头上是一片蓝天，蓝蓝的天上白云飘飘，云朵厚厚的，白白的，像一大团棉花一样。

风轻日暖，时间仿佛静止了。微风一阵一阵拂过你的脸，它拂掉了你所有的烦恼和疲劳，你所有的烦恼和疲劳都被微风拂得干干净净。蓝天，白云，绿草，野花，清风，虫鸣，现在你感到非常舒服，非常放松。

下面从 5 缓缓倒数，你会越来越清醒，当数到 1 的时候，请你睁开眼睛，当数到 0 的时候，你会彻底清醒，醒来后，你会感觉精力旺盛，心情愉快，对未来充满了信心！

推荐配乐

理查德·克莱德曼《水边的阿狄丽娜》——音色华丽、旋律优雅，如同一首浪漫的钢琴诗，给人以极高的听觉享受。手指触及琴键所散发出的微妙音符，充满罗曼蒂克式的醉人芳香，沁人心脾。

以上介绍了三种简单易学的自我放松训练方法，大家可选择其中的一到两种练习，熟练掌握后，可以感受到放松训练的神奇魅力。

拓展阅读

情绪 ABC 理论

情绪 ABC 理论是由美国心理学家埃利斯创建的。该理论认为激发事件 A（activating event 的第一个英文字母）只是引发情绪和行为后果 C（consequence 的第一个英文字母）的间接原因，而引起 C 的直接原因则是个体对激发事件 A 的认知和评价而产生的信念 B（belief 的第一个英文字母），即人的消极情绪和行为障碍结果（C），不是由于某一激发事件（A）直接引发的，而是由于经受这一事件的个体对它不正确的认知和评价所产生的错误信念（B）所直接引起。错误信念也称为非理性信念。

如图 2-1 中，A（Antecedent）指事情的前因，C（Consequence）指事情的后果，有前因必有后果，但是有同样的前因 A，产生了不一样的后果 C_1 和 C_2。这是因为从前因到结果之间，一定通透过一座桥梁 B（Belief），这座桥梁就是信念和我们对情境的评价与解释。又因为，同一情境之下（A），不同的人的理念以及评价与解释不同（B_1 和 B_2），所以会得到不同结果（C_1 和 C_2）。因此，事情发生的一切根源缘于我们的信念、评价与解释。

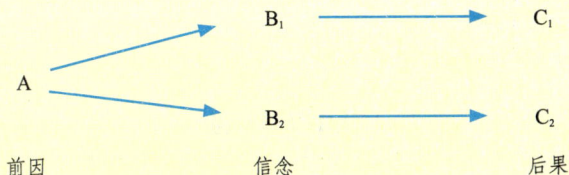

结论：事物的本身并不影响人，人们只受对事物看法的影响。

图 2-1　"情绪 ABC 理论"情景示意图

情绪 ABC 理论的创始者埃利斯认为：正是由于我们常有的一些不合理的信念才使我们产生情绪困扰。如果这些不合理的信念久而久之，还会引起情绪障碍呢。情绪 ABC 理论中：A 表示诱发性事件，B 表示个体针对此诱发性事件产生的一些信念，即对这件事的一些看法、解释。C 表示自己产生的情绪和行为的结果。通常人们会认为诱发事件 A 直接导致了人的情绪和行为结果 C，发生了什么事就引起什么情绪体验。然而，你有没有发现同样一件事，对不同的人，会引起不同的情绪体验？同样是考了 60 分，不同的信念产生不同的情绪和行为。如表 2-1 所示，根据情绪 ABC 理论：重新改写你的卡片。

表 2-1　"情绪 ABC 理论"测试结果

A（事件）	B（想法）	C（情绪）	C´（行动）
语文考试 60 分	我应该考 90 分的	难过	哭，不吃饭
	我很笨	烦恼	不敢尝试其他事
	同学一定看不起我	担心	不敢和同学一起玩
	回去要被爸妈骂了	担心	不敢回家
	现在错了，下次就不好错	庆幸	注意复习
	就是错得多才要努力学嘛	平静	注意错的地方
	过去的已经过去，与其难过，不如努力	振奋	念书

那些让你没法轻松的事情

发生　需要当众讲话　事情，但是我多少做些了准备，其实也没有想象中那么紧张。

发生　考试不理想　事情，但是这次的错误下次不会再发生了，其实也没有想象中那么焦虑。

发生＿＿＿＿＿事情，但是＿＿＿＿＿，其实没有想象中那么有压力。

发生＿＿＿＿＿事情，但是＿＿＿＿＿，其实这件事情也挺好的。

发生＿＿＿＿＿事情，但是＿＿＿＿＿，事情终究会解决的。

我的新规划

敬爱的老师:

我决定_____

_____。

我决定_____

_____。

我决定_____

_____。

我决定_____

_____。

我决定_____

_____。

我要_____给我作证,现在起开始启程!

签名:_____

_____年____月____日

情绪实验

　　古代阿拉伯学者阿维森纳,曾把一胎所生的两只羊羔置于不同的外界环境中生活:一只小羊羔随羊群在水草地快乐地生活;而在另一只羊羔旁拴了一只狼,它总是看到自己面前那只野兽的威胁,在极度惊恐的状态下,根本吃不下东西,不久就因恐慌而死去。医学心理学家还用狗做嫉妒情绪实验:把一只饥饿的狗关在一个铁笼子里,让笼子外面另一只狗当着它的面吃肉骨头,笼内的狗在急躁、气愤和嫉妒的负性情绪状态下,产生了神经症性的病态反应。实验告诉我们:恐惧、焦虑、抑郁、嫉妒、敌意、冲动等负性情绪,是一种破坏性的情感,长期被这些心理问题困扰就会导致身心疾病的发生。一个人在生活中对自己的认识与评价和本人的实际情况越符合,他的社会适应能力就越强,越能把压力变成动力。

第 8 课 ▶ 挫折伴我成长

> 我可以拿走人的任何东西，但有一样东西不行，这就是在特定环境下选择自己的生活态度的自由。
>
> ——弗兰克
>
> 斗争是掌握本领的学校，挫折是通向真理的桥梁。
>
> ——歌德

《淮南子·人间训》曰："塞翁失马，焉知非福。"比喻一时虽然受到损失，也许反而因此能得到好处，也指坏事在一定条件下可变为好事。因此人的心态，一定要乐观向上，任何事情有好的一面和不好的一面，不好的一面，是有可能向好的一面进行转化。人生不可能总是一帆风顺，如何以积极的态度面对困难，用恰当的方法战胜挫折呢？

心理故事

断臂钢琴王子——刘伟

他叫刘伟，1987 年出生于北京，10 岁时因触电意外失去双臂，伤愈后他为了今后的生计加入北京市残疾人游泳队。2002 年，通过努力，他在武汉举行的全国残疾人游泳锦标赛上获得了两金一银；2005 年、2006 年连续两年获得了全国残疾人游泳锦标赛百米蛙泳项目的冠军。本准备参加 2008 年残奥会的他，因为高强度的体能消耗导致了免疫力的下降，不得不放弃体育而学习钢琴。而他的学琴路绝不是一帆风顺。当初他报名参加音乐学校后，遭到音乐学校拒绝和校长的侮辱与歧视，校长说他的加入只会影响校容，他对音乐学校校长说："谢谢你能这么歧视我，迟早有一天我会让你看到，我没有手也能弹钢琴！"于

是，他开始自学钢琴。他每天练琴时间超过 7 小时。终于在脚趾头一次次被磨破之后，他逐渐摸索出了如何用脚来和琴键相处。和他在学习游泳上的表现一样，他对音乐的悟性同样惊人。奥运会时，只学了一年钢琴的他就上了北京电视台的《唱响奥运》节目，当着刘德华的面，弹了一曲《梦中的婚礼》。接着，他弹着钢琴，与刘德华合唱了一首《天意》。

2010 年 8 月，在《中国达人秀》的现场，他空着袖管走了上来，坐到钢琴前，《梦中的婚礼》响了起来。曲子结束，全场起立鼓掌。当评委高晓松问他这一切是怎么做到的时候，他说了一句："我觉得我的人生中只有两条路，要么赶紧死，要么精彩地活着。"

他就是第一位中国达人，2010 年中国达人秀总冠军刘伟。刘伟凭着自己不懈的努力，创造了奇迹。那么，我们现在生活在幸福之中，难道不应该努力去奋斗吗？

一、什么是挫折

从心理学上分析，人的行为总是从一定的动机出发，经过努力达到一定的目标。如果在实现目标的过程中，碰到了困难，遇到了障碍，就产生了挫折。挫折会产生各种各样的行为，表现在心理上、生理上会有反应。遭受严重挫折后，在心理上，个人会在情绪上表现抑郁、消极、愤懑；在生理上，会表现血压升高、心跳加快，易诱发心血管疾病，胃酸分泌减少，会导致溃疡、胃穿孔等。总之，个人的挫折会产生反常行为。

二、中职生常见挫折

中职生遇到的挫折常常与自我认识、自我定位、性心理、恋爱等方面有关。 中职生在人际交往、个人发展过程中经常遇到挫折。低年级学生，将面临大量适应新的成长环境的问题，在生活习惯、专业学习、人际关系、经济来源等方面经常会遇到各式各样的挫折。高年级学生，越来越关注就业问题，在求职择业过程中也常常会遇到这样或那样的挫折。

三、挫折产生的原因

挫折产生的原因非常多，包括客观因素和主观因素。

1.客观因素

挫折产生的原因中客观因素即外在原因，包括自然环境因素和社会环境因素。

（1）自然因素

是指各种非人为力量所造成的时空限制、自然灾害、意外事故、生老病死等。自然界内的万事万物都有其固有的存在和发展规律，人类一方面不可能对所有事物都达到完全彻底的认识，另一方面，即便认识了也不可能绝对地征服自然。所以，要在自然环境中生存发展，人就必然会遇到自然界所带来的种种困扰，挫折也就在所难免。如，有的中职生从小在北方长大，却在遥远的南方上大学，炎热、潮湿、多雨的气候令他难以适应，带来身体上和心理上的不良反应。

（2）社会因素

是指来自个体所生存的社会环境的一些干扰和障碍，如政治的、经济的、文化的、道德的、法律的、宗教的，等等。既包括大的社会环境，也包括学校、社团、家庭等小环境。有的新生无法适应中职学校中新的人际关系、新的作息方式、新的学习方法，从而感到受挫。此外，教师的教学和管理方法不当、班级和宿舍风气不正、同学关系紧张等都有可能使个体遭受挫折。同自然因素相比，社会因素更易引起挫折，而且后果也往往更复杂、更严重。

2. 主观因素

挫折产生的原因中的主观因素即内在原因，是个体自身的一些因素包括生理因素和心理因素。

（1）生理因素

是指个体与生俱来的身材、容貌、生理缺陷及健康情况等所带来的限制。比如，想报考空军却视力受限，喜欢化学专业却是色盲；由于身体素质差而体育难以达标，由于长相不佳而无法受到异性的青睐等。

（2）心理因素

是指个体的心理特点和心理水平，如需要、动机、理想、信念以及能力、气质、性格等所带来的影响。如能力差的学生容易在学习中受到挫折，内向的学生容易在人际交往中受到挫折。

从引发挫折的直接因素与个体自身心理状况之间的关系来看，影响中职生挫折的心理因素主要有：

❶	自我估计不当	有的中职生对自己评价过高，目空一切，结果到处碰壁；有的则对自己评价过低甚至自卑，做事畏缩不前，常常因缺乏勇气而错过机遇、错过成功的机会
❷	期望水平过高	期望水平是指个体对自己所要达到的目标而规定的标准。期望水平太高就容易受挫折。如有的学生当初报志愿时报得太高，以至于没被第一志愿录取；有的学生初中时当过班干部，上中职学校以后却成了一般学生
❸	动机冲突	个体在现实生活中常常会同时存在两个或两个以上的动机，这些动机往往又是彼此矛盾与冲突，这时就面临困难的选择。也就是前面所说的心理冲突。如果这种冲突持久、激烈，就会导致挫折

四、应对挫折的方法

以下介绍几种应对挫折的方法。

（1）承认已经发生的事实，事情是这样就不会是那样

不要再觉得它是"不可能的事"，也不要再懊悔。为了说明这个道理，曾经有一位心理学老师，采用了下面这种让人惊奇的方式：老师走进教室，走上讲台，把一只精美绝伦的瓷花瓶摆在桌上。讲课开始几分钟，就在他不经意转身时，碰翻了花瓶，"啪"的一声花瓶掉到地上摔得粉碎，台下同学发出一片惊呼声，老师看了看地上的碎片，几秒钟后立即恢复了常态，好像什么也没有发生似的继续他的讲课，直到结束。他最后说了几句让学生永远不会忘记的话：

"你们似乎还在为一小时前的花瓶而惋惜，然而事件已经发生，再也无法挽回，就像地上的碎片再也不能组合成原来的花瓶。你们的感叹、可惜、祈求、希望、追悔又有什么用呢？该做什么就做什么，不要让那些不能改变的事来影响你。这就是今天的课真正要告诉你们的。"

（2）接受、包容已经发生的事实

"想开点"这三个字有着极为丰富的内涵，它是个人胸襟的扩展，是人生境界的升华。

（3）转移注意力，让自己去忙一件事情

哪怕是很简单的事情，只要你认真去做，就能把折磨人的忧虑从头脑中挤出去。例如去做做运动、听听音乐、看看电影，或者去做一件你平时很喜欢做的事情都是可行的。

（4）直面最坏的情况

能接受最坏的情况，在心理上就会让你发挥出新的能力。可以分三步进行。第一步：问你自己，可能发生的最坏情况是什么？第二步：接受这个最坏情况。第三步：镇定地想办法改善最坏的情况。面对挫折，勇敢迎接，心里默想："大不了……""即使那样，我还可以……"能让你清醒冷静，继而心生妙策。

（5）冷静分析，提出问题，解决问题

承受挫折，冷静下来后，你可以给自己提出以下四个问题：你的烦恼是什么？你能怎么办？你要做的是什么？什么时候去做？或者是这样问：究竟发生了什么问题？问题的起因何在？有哪些解决的办法？我用什么办法解决问题？ 当一个人能够冷静地提出问题，并寻求解决问题的方法的时候，他就开始向新的高度成长了。

心理知识

"挫折"处方单

1. 如果因为能力不济造成挫折，就应该降低目标，以免一再碰壁。

2. 若因为努力不够，就必须加强努力，直至成功。

3. "事情难度"是一种外在的稳定因素，它是个人无法改变的，倘若因此受挫，最好尽快转换目标，以防重蹈覆辙。

4. 如果运气不佳导致失败，那就抖擞精神，下次再来。

应对挫折的几个有效办法

1. 调整认知。

2. 增强努力。

3. 改变行为。

4. 调整目标或制定渐进的目标序列。

5. 寻求专业帮助。

6. 发展兴趣。

7. 与他人（尤其是朋友）讨论自己的困境，接受别人的同情与理解。

8. 安慰鼓励自己，并相信自己能渡过难关。

9. 宣泄……

心理体验

挑战自己

选择一件自己较有信心，但一直没有勇气或害怕失败不敢做的事情，当然，所选择的事情一定是积极的，对自己成长有利的。比如，参加班干部竞选，全校表演或公众演讲，积极主动地和你认为不喜欢你的一个人交往，主动承担班级的一些活动。只要你认真做了，相信你会有所收获。即使结果不尽如人意，我们只要总结经验教训，不断努力，事实上就已经在进步了。你会发现，勇敢地跨出了第一步，生活已经在慢慢发生着可喜的变化。请写下自己的实战心得与体会。

选择事情＿＿＿＿＿＿＿＿＿＿＿＿＿＿＿＿＿＿＿＿＿＿＿＿＿＿

实战想法＿＿＿＿＿＿＿＿＿＿＿＿＿＿＿＿＿＿＿＿＿＿＿＿＿＿

实战体验＿＿＿＿＿＿＿＿＿＿＿＿＿＿＿＿＿＿＿＿＿＿＿＿＿＿

实战感受＿＿＿＿＿＿＿＿＿＿＿＿＿＿＿＿＿＿＿＿＿＿＿＿＿＿

心理活动

交流"挫折"

1. 活动准备

（1）分小组就座，每个小组围成圆圈。

（2）每人一个信封，纸条若干。

2. 活动过程

（1）每个小组成员在自己的信封上写上自己的名字。

（2）每个小组成员在纸条上写下自己的一个挫折，分发给小组其他成员，每个小组成员将回复除自己以外的其他组员的纸条并放回信封。

（3）打开信封，轮流分享自己收获到的应对挫折的方式和自己的感受。

两只青蛙的故事

两只青蛙在觅食中，不小心掉进了路边一只牛奶罐里，牛奶罐里还有为数不多的牛奶，但是足以让青蛙们体验到什么叫灭顶之灾。一只青蛙想：完了，完了，全完了，这么高的一只牛奶罐啊，我是永远也出不去了。于是，它很快就沉了下去。另一只青蛙在看见同伴沉没于牛奶中时，并没有因沮丧而放弃，而是不断告诫自己："上帝给了我坚强的意志和发达的肌肉，我一定能够跳出去。"它每时每刻都在鼓起勇气，鼓足力量，一次又一次奋起、跳跃——生命的力量与美展现在它每一次的搏击与奋斗里。不知过了多久，它突然发现脚下黏稠的牛奶变得坚实起来。原来，它的反复践踏和跳动，已经把液状的牛奶变成了一块奶酪！不懈的奋斗和挣扎终于换来了自由的那一刻，它从牛奶罐里轻盈地跳了出来，重新回到了绿色的池塘里。而那一只沉没的青蛙就那样留在了那块奶酪里，它做梦都没有想到会有机会逃离险境。

乐观的精神其实是生命中最宝贵的品格，而这种精神只有在困难的时候才会凸显其价值。那是一种绝境逢生的力量，只有在真正坚强的人身上才找到。普通人并不能时时乐观，因为人会怀疑原本相信的东西，而这种怀疑有时具有致命的摧毁力量。要保持乐观的精神，人首先要相信——相信生命中美好、积极的东西。同时，人还要将目光投射在事物积极的一面，即使是对负面的东西也要有正面的理解。做到这点才能时时保持乐观的心态。

挫折诊断书

我最近一次遭受挫折

时间是＿＿＿＿＿＿＿＿＿＿＿＿。

地点是＿＿＿＿＿＿＿＿＿＿＿＿＿＿＿＿＿＿。

我遭受的挫折是＿＿＿＿＿＿＿＿＿＿＿＿＿＿＿＿＿＿＿＿＿＿＿＿＿＿＿＿
＿＿＿＿＿＿＿＿＿＿＿＿＿＿＿＿＿＿＿＿＿＿＿＿＿＿＿＿＿＿＿＿。

分析挫折产生的原因，我发现：

内部原因（主观原因）：

我的能力＿＿＿＿＿＿＿＿＿＿＿＿＿＿＿＿＿＿＿＿＿＿＿＿＿＿＿。

我的努力＿＿＿＿＿＿＿＿＿＿＿＿＿＿＿＿＿＿＿＿＿＿＿＿＿＿＿。

外部原因（客观原因）：

事情的难度＿＿＿＿＿＿＿＿＿＿＿＿＿＿＿＿＿＿＿＿＿＿＿＿＿。

运气＿＿＿＿＿＿＿＿＿＿＿＿＿＿＿＿＿＿＿＿＿＿＿＿＿＿＿＿＿。

心理实验

跳蚤实验

　　心理学家将一只跳蚤放进没有盖子的杯子内，结果，跳蚤轻而易举地跳出杯子。紧接着，心理学家用一块玻璃盖住杯子，于是，跳蚤每次往上跳时，都因撞到这块玻璃而跳不出去。不久，心理学家把这块玻璃拿掉，结果，跳蚤再也不愿意跳了。

　　这个"跳蚤实验"给予我们很大的启示，其实，在很多情况下，人也和跳蚤一样：经过一段时间的努力而没有达到预定目标时，便灰心丧气，认为这件事自己永远都办不到，并忽视自身力量的壮大和外界条件的改变，放弃实现目标的努力。久而久之，形成思维定势，陷在失败的经验中爬不出来，一次次丧失唾手可得的机会，最终一事无成，白白耗费一生。

　　有位哲人说过："有些人遇到挫折，就轻易放弃；结果往往是在距离金子3英寸的地方停下来。"伟人之所以是伟人，就是能不屈不挠地去实现预定目标，即使遇到再大的困难，也永不放弃。

第三章

和谐关系，快乐生活

◀ 教学目标

1. 了解生活中面临的心理困扰和心理行为问题，拒绝不良诱惑。
2. 掌握建立和谐人际关系的方法，积极地适应社会生活，提升人生意义和生命价值。
3. 掌握异性交往准则，学会在异性交往中保护自己。
4. 学会同父母交往，理解父母的艰辛和父母对自己的爱。

◀ 教学要求

认知： 了解人际交往和社会适应障碍的成因，理解和谐人际关系、快乐生活的意义。

情感态度观念： 热爱生活，崇尚人际交往中的尊重、平等、谦让、友善和宽容，反对自我中心、霸道和恶意报复，追求健康的生活方式。

运用： 运用积极的应对方式适应生活，提升自己的生活质量。

第 9 课 ▶ 沟通你我他

> 与人相处的能力，如果能像糖加咖啡等商品一样是可以买得到的话，比起太阳下的许多事物，我会为这种能力多付一些钱。
>
> ——约翰·洛克菲勒

在我们现在生存的社会中，经常会谈到人际交往问题，这也是我们现在很多人都要面临的问题。对于生活在社会中的人来说，人际交往十分重要。有些人不善于交际，而有些人对交往却很在行。那么，你的人际关系如何呢？

心理故事

小张的烦恼

张某，是某校高二的男生，该生性格内向，从小就不善言谈，不会表达内心的感受。自上高中之后，他开始感到许多事情总不顺心，尤其是如何与人交往，怎样处理人际关系的问题使他伤透了脑筋，吃尽了苦头。一年多来，他和班上同学很不融洽，跟同宿舍人曾经发生过几次不小的冲突，关系相当紧张。后来他竟擅自搬出宿舍，与外班的同学住在一起。从此，他基本上不和班上同学来往，集体活动也很少参加，与同学的感情淡漠、隔阂加重。他觉得自己没有一个能相互了解、相互信任、谈得来的知心朋友，常常感到特别的孤独和自卑，情绪烦躁，痛苦至极，而且精神痛苦无处倾诉，长期的苦恼和焦虑使他患上了神经衰弱症。经常的失眠和头痛使他精神疲惫，体质下降。他曾想尽力克制自己，强打精神，企图用埋头学习的方法来减轻痛苦，冲淡烦恼。然而，事与愿违，由于他学习精力很难集中，效果很差，成绩急剧下降，后来竟出现考试不及格的现象。他感到震惊和恐慌，心境和体质也越来越坏，深感自己已陷入病困交加的境地而无力自拔，失去了坚持学习的信心。他开始厌倦学习，厌恶同学和班级，一天也不愿再在学校待下去了。于是，他听不进老师的劝告，也不顾家长的劝阻，坚持要求休学。

了解了人际交往的心理障碍，那么在人际交往中我们该怎样做呢？这就要求掌握一些人际交往的技能技巧。

一、注重交谈的技巧

在人际交往中，和别人交谈时要注意几下几方面：

❶ 要学会善用语言，注重交流的内容，在平时的学习中要有意识地扩大自己的知识面，与人交往寻找话题很重要。

❷ 要讲究语言的艺术性，讲究语言的艺术性是培养交往能力的重要内容。要学会能够运用清晰准确、生动、简明扼要、富有感染力、逻辑性强的语言表达自己的意思。

❸ 要注意交谈中的神态、语气和行为动作等，如果同样的一句话，用不同的情感语调表达的话会有完全不同的效果。

❹ 在交谈时要学会幽默，选择幽默的语言应该是具有理智性、健康性和趣味性的。

❺ 要善于处理各类矛盾，在交往中难免会发生各种的小矛盾和摩擦，当出现问题和麻烦时，善于运用交谈的艺术能够打破僵局，把大事化小，小事化了，保持良好的人际关系。

❻ 一定要尊重别人的隐私，在交往中不要把别人说给你的秘密讲给第三方听。尊重他人的隐私就是尊重他人的人格。即使最亲密无间的朋友之间也有各自的秘密空间，总打听或者背后说别人的秘密为乐趣的话，是没有教养的表现，这样的人是不可能有真正的朋友的，最终只能是令人讨厌的孤独者。

二、注重聆听的技巧，交往中聆听也是一门艺术

聆听需要注意耐心和虚心倾听他人的讲话，并且要做出相应的反应，表示对对方所说的话题或者言论给予理解并感兴趣。聆听别人说话时要注意集中精神，表情自然，并且要经常地注视着对方的眼睛与之交流或者用微笑来表示你很愿意听。可能在听的过程中有时我们也想要表达自己的看法，这时应该选择合适的时机表达，不能够随意打断别人的谈话，如果急不可待地打断了对方的谈话，也不在乎别人对自己的表达是否感兴趣就一吐为快，这样会丧失与别人深交的机会，有时得不偿失。

三、善于学会赞美，能够优化人际交往艺术

真诚的赞美可以让人感受到幸福感、自我价值感和自信心。赞美的方法是细心地观察他人的长处，并且要诚恳热情、真实自然地赞扬对方的优点，激发对方的兴趣。赞美他人要公开、诚挚，不要虚情假意。任何人都喜欢得到赞美，但是只喜欢合乎事实的赞美，对不真实的赞美会引起反感，让人感觉不舒服。从心理学的角度，渴望被人赏识和认可是人最基本的天性，是人普遍的、突出的心理特征。由衷的赞美就是对别人优点的充分肯定，能够满足人对于尊重和赏识、获得在别人心目中重要地位的心理需要，同时也能够给人精神上的激励和鼓舞。如果不善于运用赞美，而是经常地指责和批评他人，别人会离你越来越远，甚至被人孤立。

四、把握交往的尺度，选择恰当的距离

社会心理学研究表明人际交往只有频率适当才会让双方感到最满意：太少，显得冷淡；太多，留给对方的空间就会变小，会让人不舒服。

心理知识

如何克服与朋友相处的个性障碍

朋友是我们每个人生活当中不可缺少的一部分，而对于我们中学生来说，尤其显得重要。对于中学阶段的我们，开始离开父母的怀抱，逐步摆脱对父母的依赖，并把朋友放在十分重要的位置。但是，一些同学在人际交往中却遇到了种种障碍，无法与同学友好相处。常见以下几种个性障碍：

（1）自负。自负的人只关心个人的需要，强调自己的感受，在人际交往中表现为目中无人。与同学相聚，不高兴时会不分场合地乱发脾气，高兴时则海阔天空、手舞足蹈讲个痛快，全然不考虑别人的情绪和别人的态度。

（2）忌妒。有忌妒心的人看到与自己有某种联系的人取得了比自己优越的地位或成绩，便产生一种嫉恨心理；当对方面临或陷入灾难时，就隔岸观火，幸灾乐祸，甚至借助造谣、中伤、刁难等手段去贬低他人，安慰自己。正如黑格尔所说："有忌妒心的人自己不能完成伟大事业，便尽量去低估别人的伟大、贬低他人的伟大性使之与本人相齐。"

（3）多疑。这是人际交往中的一种不好的心理品质，可以说是友谊之树的蛀虫。具有多疑心理的人，往往先在主观上设定他人对自己不满，然后在生活中寻找证据，从中把无中生有的事情强加于人，甚至把别人的善意曲解为恶意。

（4）自卑。美国心理学家的研究表明，一个人如果各项活动取得成绩而得到老师、家长及同伴的认可、支持和赞许，便会增强他们的自信心、求知欲，内心获得一种快乐和满足，就会养成一种勤奋好学的良好习惯。相反，他们会产生一种受挫感和自卑感。自卑的浅层感受是别人看不起自己，而深层的理解是自己看不起自己，即缺乏自信。

（5）干涉。心理学家研究发现，人人需要一个不受侵犯的生活空间，同样，人人也需要一个自我的心理空间。再亲密的朋友，也有个人的内心隐私，有一个不愿向他人坦露的内心世界。有的人在相处中，喜欢询问、打听、传播他人的私事，这种行为就会引起别人的反感而不愿与其往来。

（6）羞怯。具有羞怯心理的人，往往在交际场合或大庭广众之下，羞于启齿或害怕见人。由于过度的焦虑和不必要的担心，使得他在言语上支支吾吾，行为上手足无措。长此以往，会不利于同他人正常交往。

（7）敌视。这是交际中比较严重的一种心理障碍。这种人总是以仇视的目光对待别人。这种心理或许来自童年时期受到的虐待，从而使他产生别人仇视我，我仇视一切人的心理。对不如自己的人以不宽容表示敌视；对比自己厉害的人用敢怒不敢言的方式表示敌视；对处境与己类似的人则用攻击、中伤的方式表示敌视。这使周围的人随时有遭受其伤害的危险，而不愿与之往来。

学会赞美

　　人际交往可以说是一门很高深的学问，但如果你能善用赞美，它可以给你的生活带来令人欣喜的改变。指责和抱怨阻碍了你的事业，扰乱了你的生活，其结果往往事与愿违，而换一种沟通方式，发现对方的优点，表达赞美之辞，往往能达到超越你期待的沟通效果。

　　这里主要给我们分享的是赞美别人的十三种方法：

　　（1）赞美要具体。
　　（2）从否定到肯定的评价。
　　（3）见到、听到别人得意的事要赞美。
　　（4）主动打招呼。
　　（5）及时适度指出别人的变化。
　　（6）与自己做对比。
　　（7）逐渐增强的评价。
　　（8）似否定，实肯定。
　　（9）新人刺激。
　　（10）给对方没有期待的赞美。
　　（11）间接赞美。
　　（12）记住别人那些特别之处。
　　（13）了解别人的兴趣爱好，投其所好。

　　适时赞美别人，这是一个很好的沟通方法。生活中不是缺少美，缺少的只是发现美的眼睛。发现优点是真诚的，发明优点是虚假的。真诚的赞美，给予别人快乐的同时也会为自己带来机会。

心理测验

人际交往能力测试

请结合你自己的情况考虑下面的问题，回答"是"或"否"。

		是	否
1	你喜欢参加社交活动吗？		
2	你喜欢结交各行各业的朋友吗？		
3	你常常主动向陌生人做自我介绍吗？		
4	你喜欢发现他们的兴趣吗？		
5	你在回答有关自己的背景与兴趣的问题时感到为难吗？		

		是	否
6	你喜欢做大型公共活动的组织者吗？		
7	你愿意做会议主持人吗？		
8	你与有地方口音的人交流有困难吗？		
9	你喜欢在正式场合穿庄重的服装吗？		
10	你喜欢在宴会上致祝酒词吗？		
11	你喜欢与不相识的人聊天吗？		
12	你在父母的朋友面前交谈自如吗？		
13	你在院系集体活动中介意扮演逗人笑的丑角吗？		
14	你喜欢成为院系联欢会上的核心人物吗？		
15	你曾否为自己的演讲水平不佳而苦恼？		
16	你与语言不通的外国人在一起时感到乏味吗？		
17	你与人谈话时喜欢掌握话题的主动权吗？		
18	你与地位低于自己的人谈话时是否轻松自然？		
19	你希望他们对你毕恭毕敬吗？		
20	你在酒水供应充足的宴会上是否借机开怀畅饮？		
21	你曾否因饮酒过度而失态？		
22	你喜欢倡议共同举杯吗？		

评分与解释

本测验的答案并无正误之分。只是一般情况下，擅长于社交的人会倾向于以下答案：

1. 是；2. 是；3. 是；4. 是；5. 不；6. 是；7. 是；8. 不；9. 是；10. 是；11. 是；12. 是；13. 不；14. 是；15. 不；16. 不；17. 是；18. 是；19. 不；20. 不；21. 不；22. 是。

检查你在每一题上的答案，若与上述相应答案符合得 1 分，否则得 0 分。计算你的得分。

17～22 分：你在各种各样的社交场合都表现得大方得体，从不拒绝广交朋友的机会。你待人真诚友善，不狂妄虚伪，是社交活动中备受欢迎的人物，也是公共事业的好使者。

11～16 分：你在大多数社交活动中表现出色，只是有时尚缺乏自信心，今后要特别注意主动结交朋友。

5～10 分：也许是由于羞怯或少言寡语的性格，你没有表现出足够的自信。当你应该以轻松、热情的面貌出现时，你却常常显得过于局促不安。

4 分或以下：你是一位孤独的人，不喜欢任何形式的社交活动。你难免被人视为古怪之人。

心理活动

戴高帽子：优点大轰炸

目的： 学习发现别人的优点并欣赏，促进相互肯定与接纳。

游戏规则：

（1）5～8人一组围圆圈坐好。请一位成员坐或站在团体中央，戴上纸糊的高帽子。其他人轮流说出他的优点及欣赏之处（如性格、相貌、处事……）。

（2）被称赞的成员说明哪些优点是自己以前觉察的，哪些是以前不知道的。

（3）每个成员都到中央戴一次高帽。

（4）必须说优点，态度要真诚，努力去发现他人的长处，不能毫无根据地吹捧，这样反而会伤害别人。

（5）参加者要注意体验被人称赞时的感受如何，怎样用心去发现他人的长处，怎样做一个乐于欣赏他人的人。

（6）小组交流体会并派代表在团体进行交流。

人际交往训练（模拟场景）

如果遇到下面情景，你该怎么做呢？

（1）下课回宿舍，你发现自己最喜欢的一张专辑不见了。你会如何寻找呢？

（2）同宿舍的小明是个很不错的人，可总是随便用别人的桶，弄得大家都很郁闷。怎么办呢？

（3）好友过生日邀请你参加，生日会上同学都陆续将自己的礼物送给了她。这时候你才反应过来自己没有准备礼物。你会如何处理呢？

（4）你的朋友背着你到处说你坏话，你觉得很委屈，你会怎么做？

倾听训练

请学生听一篇名为《花雨》的文章。文章中多次出现"花朵"和"雨滴"这两个名词。每当听到"花朵"时，女学生起立，听到"雨滴"时，男学生起立。如果连续听到两个相同的名词，则站立不动。站立的学生要等另一组学生起立后才可坐下。

拓展阅读

卡耐基总结的良好沟通的成功经验

1. 真诚地对别人感兴趣。
2. 微笑。
3. 多提别人的名字。

4. 做一个耐心的倾听者，鼓励别人谈他自己。

5. 谈符合别人兴趣的话题。

6. 以真诚的方式让别人感到他很重要。

人际交往的空间距离

人与人之间需要保持一定的空间距离。任何一个人，都需要在自己的周围有一个自己把握的自我空间，它就像一个无形的"气泡"一样为自己"割据"了一定的"领域"。而当这个自我空间被人触犯就会感到不舒服，不安全，甚至恼怒起来。

一位心理学家做过这样一个实验。在一个刚刚开门的大阅览室里，当里面只有一位读者时，心理学家就进去拿椅子坐在他或她的旁边。试验进行了整整 80 个人次。结果证明，在一个只有两位读者的空旷的阅览室里，没有一个被试者能够忍受一个陌生人紧挨自己坐下。

就一般而言，交往双方的人际关系以及所处情境决定着相互间自我空间的范围。美国人类学家爱德华·霍尔博士划分了四种区域或距离，各种距离都与对方的关系相称。

一、亲密距离

这是人际交往中的最小间隔或几无间隔，即我们常说的"亲密无间"，**其近范围在约 15 厘米之内**，彼此间可能肌肤相触，耳鬓厮磨，以至相互能感受到对方的体温、气味和气息。**其远范围是 15 厘米～44 厘米**，身体上的接触可能表现为挽臂执手，或促膝谈心，仍体现出亲密好友的人际关系。

就交往情境而言，亲密距离属于私下情境，只限于在情感上联系高度密切的人之间使用，在社交场合，大庭广众之下，两个人（尤其是异性）如此贴近，就不太雅观。在同性别的人之间，往往只限于贴心朋友，彼此十分熟识而随和，可以不拘小节，无话不谈。在异性之间，只限于夫妻和恋人之间。因此，在人际交往中，一个不属于这个亲密距离圈子内的人随意闯入这一空间，不管他的用心如何，都是不礼貌的，会引起对方的反感，也会自讨没趣。

二、个人距离

这是人际间隔上稍有分寸感的距离，已较少直接的身体接触。**个人距离的近范围为 46～76 厘米**，正好能相互亲切握手，友好交谈。这是与熟人交往的空间。陌生人进入这个距离会构成对别人的侵犯。**个人距离的远范围是 76～122 厘米**。任何朋友和熟人都可以自由地进入这个空间，不过，在通常情况下，较为融洽的熟人之间交往时保持的距离更靠近远范围的近距离（76 厘米）一端，而陌生人之间谈话则更靠近远范围的远距离（122 厘米）端。

人际交往中，亲密距离与个人距离通常都是在非正式社交情境中使用，在正式社交场合则使用社交距离。

三、社交距离

这已超出了亲密或熟人的人际关系，而是体现出一种社交性或礼节上的较正式关系。**其近范围为 1.2～2.1 米**，一般在工作环境和社交聚会上，人们都保持这种程度的距离。一次，一个外交会谈座位的安排出现了疏忽，在两个并列的单人沙发中间没有放增加距离的茶几。结果，客人自始至终都尽量靠到沙发外侧扶手上，且身体也不得不常常后仰。可见，不同的情境、不同的关系需要有不同的人际距离。距离与情境和关系不相对应，会明显导致人出现心理不适感。

社交距离的远范围为 2.1~3.7 米，表现为一种更加正式的交往关系。公司的经理们常用一个大而宽阔的办公桌，并将来访者的座位放在离桌子一段距离的地方，这样与来访者谈话时就能保持一定的距离。如企业或国家领导人之间的谈判，工作招聘时的面谈，教授和大学生的论文答辩等，往往都要隔一张桌子或保持一定距离，这样就增加了一种庄重的气氛。

在社交距离范围内，已经没有直接的身体接触，说话时，也要适当提高声音，需要更充分的目光接触。如果谈话者得不到对方目光的支持，他（或她）会有强烈的被忽视、被拒绝的感受。这时，相互间的目光接触已是交谈中不可缺少的感情交流形式了。

四、公众距离

这是公开演说时演说者与听众所保持的距离。其近范围为约 3.7~7.6 米，远范围在 7.6 米之外。这是一个几乎能容纳一切人的"门户开放"的空间，人们完全可以对处于空间内的其他人，"视而不见"，不予交往，因为相互之间未必发生一定联系。因此，这个空间的交往，大多是当众演讲之类，当演讲者试图与一个特定的听众谈话时，他必须走下讲台，使两个人的距离缩短为个人距离或社交距离，才能够实现有效沟通。

人际交往的空间距离不是固定不变的，它具有一定的伸缩性，这依赖于具体情境、交谈双方的关系、社会地位、文化背景、性格特征、心境等。

社会地位不同，交往的自我空间距离也有差异。一般说来，有权力、有地位的人对于个人空间的需求相应会大一些。此外，人们对自我空间需要也会随具体情境的变化而变化。例如，在拥挤的公共汽车上，人们无法考虑自我空间。若在较为空旷的公共场合，人们的空间距离就会扩大，如公园休息亭和较空的餐馆，别人毫无理由挨着自己坐下，就会引起怀疑和不自然的感觉。

我们了解了交往中人们所需的自我空间及适当的交往距离，就能有意识地选择与人交往的最佳距离，而且，通过空间距离的信息，还可以很好地了解一个人的实际社会地位、性格以及人们之间的相互关系，更好地进行人际交往。

心灵感悟

1. 人际交往的技巧有哪些？

_____

_____

2. 我在本课有什么收获？

_____

_____

心理实验

交往剥夺实验

　　长期与社会隔离，即所谓"关系剥夺"或"社会交往剥夺"，可以使人丧失很多能力。人是社会化动物，每个人都有交往的需要。沙赫特（美国心理学家）做了个实验：他以每小时 15 美元的酬金先后聘请了 5 位志愿者进入一个与外界完全隔绝的小屋，屋里除提供必要的物质生活条件外，没有任何社会信息进入，以观察人在与世隔绝时的反应。结果，其中 1 个人在屋里只待了 2 小时就出来了，3 个人待了 2 天，最长一个人待了 8 天。这位待了 8 天的人出来后说："如果让我再在里面待 1 分钟，我就要疯了。"也有心理学家曾做过一个"交往剥夺"的实验，结果发现受试者在百米深的洞穴中，单独生活了 156 天以后，精神面临崩溃状态，神情呆滞、冷漠无情、举止失常。

　　实验证明，没有一个人愿意与其他人隔绝，人们都害怕孤独，可见交往对人是十分重要的。也说明一个人在被剥夺感觉后，会产生难以忍受的痛苦，各种心理功能将受到不同程度的损伤，经过一天以上的时间才能逐渐恢复正常。这说明人们日常生活中，漫不经心地接受各种刺激，以及由此而形成的各种感觉是很重要的。

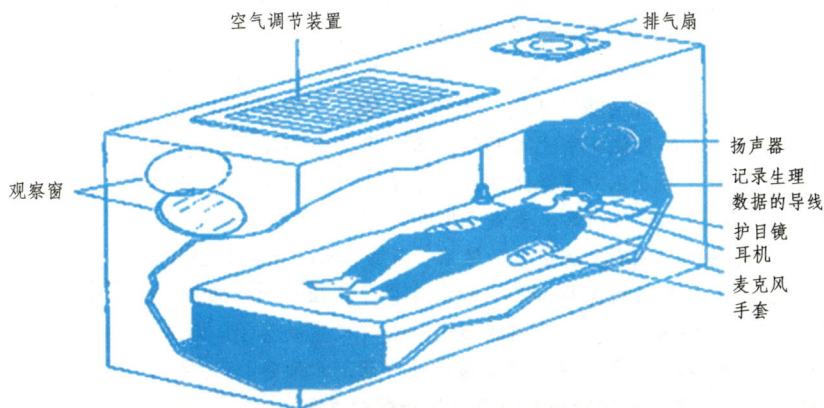

图 3-1 隔绝实验示意图

第 **10** 课 ▸ 学会宽容，远离暴力

> 世界上最宽阔的是海洋，比海洋更宽阔的是天空，比天空更宽阔的是人的胸怀。
>
> ——雨果

我们在学校与同学之间可能会因为各种各样的原因产生摩擦。即使是好朋友之间，也往往会因为某句话、某件小事而产生不愉快，如果我们不能正确地对待这些，只要与别人有矛盾，只要别人对不起自己，就怀恨在心，从此再也不理这个人，那么，恐怕与我们相处得来的人就越来越少了。正所谓金无足赤，人无完人，如果我们能接受他们的不足，宽容相待，结果是否会更好？而对他人的宽容，正是建立在对他人的体谅和理解之上。

心理故事

让一让，六尺巷

清康熙年间，张英在京城做了大官，被人称为"张丞相"。张英的老家在安徽桐城，那里有一个姓叶的大户与张家的府第为邻。那年，张家重新扩建府第，院墙盖到了叶家的地界。叶家明知道是张家仗势欺人，但祖上传下的宅第也不愿相让，于是和张家争执，并表示"宁可家破人亡，也寸土不让"。双方相持不下，冲突在所难免。张英的夫人在族人的催促下给丈夫写信，希望张英干预此事。张英接到夫人的信后，对家人倚仗他的权势欺压乡里很是不满，于是作诗一首带给夫人，诗中写道："千里修书只为墙，让他三尺又何妨。长城万里今犹在，不见当年秦始皇。"

张夫人见诗后，很不理解张英的做法，反复吟诵，才理解丈夫的用意，于是让家人主动后退3尺筑墙。叶家得知后，被张英宽厚礼让的行为感动，也将自己宅院主动后退了3尺。这样张、叶两家之间就形成一个6尺宽的巷子。后来，这件事被广为传颂，还有一句顺口溜：争一争，行不通；让一让，六尺巷。

思考：你有没相似的经历可以跟大家一起分享？

近年来，校园暴力一词不断见诸各媒体。**所谓校园暴力，是指在校园内用突然、极端的方法来侵犯人和物，使他人的人身和公私财物遭到严重损害或严重损害威胁的行为。**校园暴力不

仅影响青少年的身心发育，破坏校园育人环境，而且影响了正常的教育教学秩序。暴力主体，轻者违反校规校纪，可能被追究民事责任，重者违反刑律，构成犯罪。

校园暴力事件回放：

2004 年，云南大学生宿舍连杀四人，引发了轰动全国的"马加爵事件"。

2008 年 12 月 8 日 22 时许，陕西渭南技术学院新校区雅园 2 号女子公寓 519 宿舍，该校电子系二班、四班几名女生发生冲突，在厮打过程中，女学生程某突然拔出身上的匕首一阵乱刺，连续将刘某、田某等 6 名女生刺倒。

2009 年 10 月 28 日，中国政法大学校园发生一起严重暴力事件。该校一名男生闯入课堂，刀砍授课教授，后者不治身亡。

2009 年 3 月，浙江某高校女生吴华只因无意间瞥了一眼一个名叫玲玲的女孩，晚上就遭到了她的五小时的痛打。针头、拖鞋、饭盒、板凳……再平常不过的生活用品，竟成了这场校园暴力的"帮凶"。血色填满的眼白、青色覆盖的眼角、红点布满的面颊、惊恐不安的眼神……躺在病床上的花季女孩吴华，满身的疮痍让人震惊。

2010 年发生了好几起校外不法人士拿刀到学校砍人事件，造成几十人死亡。

……

校园暴力的原因很多，有家庭原因，有个人成长经历原因，有学校氛围原因，也有社会原因。校园暴力最终会让人身心受到严重的伤害，而远离校园暴力最好的方法就是学会宽容，培养一颗宽容的心，让宽广的心胸来包容一切。

在遇到冲突、矛盾和不顺心的事时，不能一味地生气，生气就是拿别人犯的错来成罚自己。要学会处理矛盾的方法，一般采用以下几个步骤：

❶ 明确冲突的主要原因是什么？双方分歧的关键在哪里？

❷ 解决问题的方式可能有哪些？

❸ 哪些解决方式是冲突一方难以接受的？

❹ 哪些解决方式是冲突双方都能接受的？

❺ 找出最佳的解决方式，并采取行动，逐渐积累经验。

心理知识

有原则的宽容

宽容要做到：互谅、互让、互敬、互爱。

经济学家茅于轼有这样一次经历：一次他陪一位外国朋友去首都机场转一圈，打了辆出租车，等到从机场回来，他发现司机做了小小的手脚：没有按往返计费，是按"单程"的标准来计价，多算了 60 多元钱。

这时候有三种方法可以选择：一是向主管部门告发这个司机，那么他不但收不到这笔车费，还将被处罚。二是自认倒霉了，算了。三是指出其错误行为，按应付的价钱付费。

外国朋友建议用第一种方法，茅于轼选择了第三种，他说：这是一种有原则的宽容，我不会以怨报怨，也不要去以德报怨，而是以直报怨。如我仅还以德，你还会错下去，实则纵容你；我若还以怨，斤斤计较，大家的效率都低下；我指出你的错误，然后公平地对待你。

生活中我们被他人侵犯、伤害、妨碍的时候很多。有的人可能是无意中冒犯了你，有的人可能是因为某种原因冲撞了你，有的人可能就是总想占些小便宜让你不快等，话高话低啦，钱多钱少啦，总会让人心里不舒服。这些人、这些行为有出格越轨之处，但算不上是大奸大恶，多是道德领域中事，不够法律的高度。就这样算了吧，心中又咽不下这口气，针锋相对吧，本来就不是什么阶级敌人，最后很有可能两败俱伤、心中留下永久的恨和敌意。

宽容不是纵容，我不会让你得寸进尺，把错误当成理所当然的权利，继续侵犯我的领空。我会把大家应遵守的原则挑明，柔中带刚，思圆行方，我可以宽容你的行为，但你要改正你的错误。

心理测验

测试你的宽容度

请对下列问题作出"是"和"否"的选择：

		是	否
1	有很多人总是故意跟我过不去		
2	碰到熟人，当我向他打招呼而他视若无睹时，最令我难堪		
3	我讨厌和整天沉默寡言的人一起生活、工作		
4	有的人哗众取宠，说些浅薄无聊的笑话，居然能博得很多人的喝彩		
5	生活中充满庸俗趣味的人比比皆是		
6	和目中无人的人一起共事真是一种痛苦		
7	有很多人自己不怎么样却总是喜欢嘲讽他人		
8	我不能理解为什么自以为是的人总能得到领导的重用		
9	有的人笨头笨脑，反应迟钝，真让人窝火		
10	我不能忍受上课时老师为迁就差生而把讲课的速度放慢		
11	有不少人明明方法不对，还非要别人按着他的意见行事		
12	和事事争强好胜的人待在一起使我感到紧张		
13	我不喜欢独断专行的领导		

		是	否
14	有的人成天牢骚满腹，而我觉得这种处境全是他们自己造成的		
15	和怨天尤人的人打交道使自己的生活也变得灰暗		
16	有不少人总喜欢对别人的工作百般挑剔，而不顾及别人的情绪		
17	当我辛辛苦苦做完一件工作却得不到别人的认可和赞赏时，我会大发雷霆		
18	有些蛮横无理的人常常事事畅通无阻，这真令我看不惯		

评价标准

"是"得1分，"否"得0分，最后分数相加。

13～18分，说明你需要在生活中加强灵活性，培养宽容心。

7～12分，表明是常人心态，尽管时时碰到难相处的人，但还尚能宽容。

0～6分，说明外界事物很难左右你的心态。

漫画：空白与黑点

一个老画师在一张大白纸上用毛笔点了一点。

然后，他拿着纸问学生们："你们在上面看到了什么？"

学生们异口同声地说："一个黑点。"

老画师说："在这张纸上，百分之九十九都是空白，而你们为什么只看到了黑点？"

上面的小漫画告诉我们什么道理呢？

_____

_____

_____

_____

情景训练

请各小组根据以下的情景，商量对策。

（1）我把同学借给我的书弄丢了，他气得当面羞辱我，还公开对同学说我是一个不值得信任的人，以后大家都不要借东西给我。

（2）我很讨厌某个明星，但是我们班的小张偏偏特喜欢他，时不时要唱他的歌、欣赏他的肖像、大声和同学讨论他如何好如何好。

（3）我的好朋友已经是第三次向我"借"钱了，每次他都愧疚地说钱玩"老虎机"输光了，以后会还的。

请求宽容

或许你之前有跟同学闹过意见，一直不说话，希望你能踏出一步，为你们的友谊做努力。

（1）鼓起勇气，亲口跟他（她）说抱歉，请求他（她）原谅你。

（2）请你把你认为应该对朋友（同学）说而以前没有说的话写在纸条上，然后把纸条对折，在正面写上他（她）的姓名，再直接走到他面前郑重交给他，通过纸条在你们之间搭起一座宽容的桥梁……

（3）如果你不好意思，那么请你把纸条放到讲台上，一会儿我们通过某种方式转交给他（她）。

宽容是一种爱

肖复兴

有一首小诗这样写道："学会宽容/也学会爱/不要听信青蛙们嘲笑/蝌蚪/那又黑又长的尾巴……/允许蝌蚪的存在/才会有夏夜的蛙声。"宽容是一种爱。

在激烈的竞争社会，在唯利是图的商品时代，宽容同忠厚一样都成了无用的别名，让位于针尖对麦芒的斤斤计较，最起码也成了你来我往的 AA 制记账方式。但是，我还要说：宽容是一种爱。

18 世纪的法国科学家普鲁斯特和贝索勒是一对论敌，他们关于定比这一定律争论了 9 年之久，各执一词，谁也不让谁。最后的结果，是以普鲁斯特的胜利而告终，普鲁斯特成为了定比这一科学定律的发明者。普鲁斯特并未因此而得意忘形，据天功为己有。他真诚地对曾激烈反对过他的论敌贝索勒说："要不是你一次次的质难，我是很难深入地研究下去这个定比定律的。"同时，他特别向公众宣告，发现定比定律，贝索勒有一定的功劳。

这就是宽容。允许别人的反对，并不计较别人的反对，不计较别人的态度，而充分看待别人的长处，并吸收其营养。这种宽容是一泓温情而透明的湖，让所有一切映在湖面上，天色云影、落花流水。这种宽容让人感动。

我们的生活日益纷繁复杂，头顶的天空并不尽是凡·高涂抹的一片灿烂的金黄色，脚下的大地也不尽如大理石铺就的天安门广场一样平平坦坦。不尽如人意、烦恼、忧愁，甚至能让我们恼怒、无法容忍的事情，可能天天会摩肩接踵而来，才下眉头，又上心头，抽刀断水水更流。我所说的宽容，并不是让你毫无原则一味退让。宽容的前提是对那些可宽容的人或事，宽容的内心是爱。宽容不是去对付，去虚与委蛇，而是以心对心去包容，去化解，去让这个越发世故、物化和势利的粗糙世界变得湿润一些。而不是什么都要剑拔弩张，什么都要斤斤计较，什么都要你死我活，什么都要勾心斗角。即使我们一时难以做到如普鲁斯特一样成为一泓深邃的湖，我们最起码可以做到如一只青蛙去宽容蝌蚪一样，让温暖的夏夜充满嘹亮的蛙鸣。我们面前的世界不也会多一份美好，自己的心里不也多一些安慰吗？

宽容是一种爱，要相信，斤斤计较的人、工于心计的人、心雄狭窄的人、心狠手辣的人……可能一时会占得许多便宜，或阴谋得逞，或飞黄腾达，或春光占尽，或独占鳌头……但不要对宽容的力量丧失信心。用宽容所付出的爱，在以后的日子里总有一天一定会得到回报，也许来自你的朋友，也许来自你的对手，也许来自你的上司，也许更来自时间的检验。

宽容，是我们自己一幅健康的心电图，是这个世界一张美好的通行证！

心灵感悟

学了这节课，我懂得了什么？

_____

_____

心理知识

宽容和遗忘有利于心理健康

"宽恕和遗忘"或许要算是一种美德，但是新的研究却指出，这样的情操可能也是一帖健康的良药。

根据三月号《心理科学》期刊所刊载的一篇报告指出，尽管某些人可能会觉得他们有权去憎恨那些伤害过他们的人，但是这种不原谅的立场长时间下来，却可能对自己的健康造成损害。相反地，研究者表示，给予宽恕反而会有助于保护自己不受某些伤害。

美国密歇根州荷兰市霍普大学 Charlottevan Oyen Witvliet 博士在一次面谈中解释说道，简单来说，藏有怨恨本身就会对自己造成压力。

她表示，人的体内本来就有一套对付压力因子的系统，长时间让这个系统不断地接受考验，便会使这套系统不堪使用而产生损害。

事实上，已有某些研究证明，经常生气、怀有敌意和焦虑，比较容易使人出现心脏方面的问题。相反地，最近一项研究便指出，大笑有益心脏健康。

Witvliet 表示，理论上来说，老是回想过去错误的人，可能会慢慢地把自己的健康侵蚀掉。

为了解心怀憎恨和宽恕对于健康产生的短期影响，Witvliet 及其研究同人针对 71 名男性和女性进行研究，让他们描述某个曾经伤害过他们的朋友、家人或伴侣，同时把和两种心理状态有关的语句记录下来。

在憎恨的心态下，受试者通常会不断地"重复同一个伤害"，并思考犯错的人应该得到什么样的惩罚；而在宽恕的心态下，人们通常会试着为伤害者的立场着想，并且认为自己也会伤害到别人。

在两种心态下，Witvliet 等人测量了受试者的血压、心跳和其他生理上的反应。研究者发现，当受试者把憎恨隐藏在心中，他们会说出更多负面的感觉、愤怒、伤心和失控的情况。另外，他们的心跳次数和血压都会升高，神经系统也会有剧烈的反应。

这些暂时性的反应对于健康有什么影响，研究者并不确定，但是 Witvliet 表示，憎恨变成一种习惯，长期下来可能对心血管的健康有害。

此外，她也表示，过去研究发现，压力会对免疫系统造成伤害。免疫系统对于健康会有很大的影响，像是容易感染等。

第 11 课 ＞ 学会与异性交往

友谊和爱情之间的区别在于：友谊意味着两个人和世界，然而爱情意味着两个人就是世界。在友谊中一加一等于二；在爱情中一加一还是一。

——泰戈尔

为了失恋而耽误前程是一生的损失。

——荷麦

每一天，我们都在成长。不知不觉我们就走进了花季，这个年纪是非常美好的，什么都是新鲜的，但在花季里，也有成长的烦恼。与异性同学交往的困惑，逐渐写在了我们的脸上……

其实随着青春期的到来，我们开始关注异性，渴望接触、了解异性，甚至萌发对异性的好感或爱慕之情，这是正常、自然而又美丽的事。

心理故事

小卓该"表白"吗？

小卓是个性格内向、沉默寡言的高一男生，第二学期开学以来，他对同班一女生产生一种朦胧的情感。每天学习心不在焉，目光不受控制地追逐她的身影，经常会想她，不管她在哪个角落，他都能明显地感受她的存在。跟他说话的女生不多，在他心目中，那女孩就是"女神"，他不由自主地妒忌那些与她接近的人。为此，他心神恍惚，成绩急转直下。他很苦恼，不知道该怎么办。

刺猬的故事

森林中有十几只刺猬冻得直发抖。为了取暖，它们只好紧紧地抱在一起，却因为忍受不了彼此的长刺，很快就各自跑开了。可是天气实在太冷了，它们又想要抱在一起取暖，然而抱在一起时的刺痛使它们又不得不再度分开。就这样反反复复地分了又聚，聚了又分，不断在受冻和受刺两种痛苦之间挣扎。最后，刺猬们终于找出了一个适中的距离，既可以相互取暖而又不至于彼此刺伤。

问题：这群刺猬取暖的故事对我们有什么启发？

心理学上将青春期的性心理发展分成异性疏远期、异性接近期、异性眷恋期和择偶尝试期四个阶段，中职生正处在性心理发展的第三阶段，在这一时期的青少年渴望和异性交往，在各种活动中都努力想引起异性的注意和喜欢，并想方设法寻找或制造各种机会接近自己喜欢的异性，有些甚至进入择偶尝试的阶段。异性同学之间的接触行为是一种自然而正常的现象，它有助于培养高中生的人际交往能力和促进个性的发展，但是由于高中生心智尚不成熟，理想主义和自我意识较强，自我控制能力较差，在与异性交往过程中面临着困惑和各方面的压力，在处理情感问题上不能把握好分寸，常常会影响到学习和人际交往，有时甚至会由于一时冲动做出悔恨终身的事。所以对中职生异性交往应给予正确的引导，提倡男女同学自然、正常的交往。要把握以下原则：

（1）平常心态

男女交往是正常的，是青春期心理发展的必然，因此无须紧张、害怕。

（2）自然原则

对待异性同学要自然，像对待同性同学那样对待异性同学，像建立同性关系那样建立异性关系。

（3）集体交往原则

男女间的交往应该是集体的、公开的，应为大多数人所接受。

（4）适度原则

异性交往时，所言所行要留有余地，要把握好双边关系的程度，避免超越正常异性交往界限。

心理知识

性别角色的历史发展

在原始社会，男性从事狩猎和战斗，女性进行采集和养育子女。在农业社会，则过着男耕女织的生活。在封建社会，妇女受到礼教的约束，活动大多限制在家庭内，男性则有更多的社会交往自由，人们广为称道的是"贤妻良母"和"男儿志在四方"的行为模式。进入资本主义社会之后，妇女从封建家庭桎梏中解脱出来，参与较多的社会活动。但性别角色的传统观念仍然是男性应有事业心、进取心和独立性，行为粗犷豪爽、敢于竞争，即具有"男性气质"；女性则应富同情心和敏感性，善于理家和哺育子女、对人温柔体贴、举止文雅娴静，即具有"女性气质"。凡其行为模式与所期望的性别角色一致，便会受到社会的接纳和赞许；否则，会遭到周围人群的冷嘲热讽或排斥。

近代以来，随着现代经济的迅速发展和社会劳动方式的变化等更多原因，社会进一步开放，更多的成年妇女参与社会活动，从事过去男性传统的职业，而男性则分担常年由妇女包揽的一些家务劳动。不仅如此，在发式、服装和行为习惯等方面，也起了显著变化。例如，一些男性蓄长发、着鲜艳服装，女性留短发、着男性服装、吸烟、饮酒等，使性别角色的行为规范有了急剧改变。这种改变又进一步融入当代社会，为人们所接受，成为当代社会文化的一部分。

就个体演化而言，性别角色经历了社会化的过程，甚至在孩子出生前，父母对不同性别子女的态度，便已显露出来。怀孕期间，父母常常推测胎儿的性别，对不同性别的孩子，赋予不同的期望。婴儿出生以后，父母通过衣着、环境布置、取名等活动，把男女婴儿区分开来。两三岁的幼儿，观察父母不同的服装和行为，对男性和女性的外表和性别角色开始有所认识。学龄前儿童的父母给不同性别的子女购买不同的服装和玩具，对男孩的某些顽皮和淘气采取容忍的态度，而对女孩的某些安静文雅则予以称赞。儿童通过玩具和游戏增强了性别角色的意识，使其行为向相应的性别角色转化。入学以后，图书和电视对儿童性别角色的意识将进一步发挥影响。

青春期男女区别更明显，恰当的性别角色表现比儿童期更为重要。然而，所谓恰当的性别角色，人们的观念随着社会在变化，但传统的观念仍然有相当重要的影响。新旧观念的冲突反映在人们的现实生活中最常见到的是家庭矛盾的增加。一种新的社会现象是："两性合一"（androgyny）行为模式的出现。本来在现实生活中，许多行为是男女两性共有的，只有少数行为对不同性别角色具有特征性。即使如此，纯粹只表现男性或女性行为特征的人也只是很少数，大多数人都或多或少有一些异性特征。所谓"两性合一"即融男性和女性行为特征于一体。"androgyny"一词来自两个希腊词根 andro（男性）gyny（女性）。这种行为模式的传播，将有利于性别角色传统观念冲突的消除。

心理体验

各领风骚的他和她

请各小组调查一下，看看男生和女生在哪些方面"各领风骚"？

（1）男生有哪些兴趣爱好？女生有哪些兴趣爱好？

（2）男生经常谈论的话题有哪些？女生经常谈论的话题有哪些？

（3）男生更爱上什么课？女生更爱上什么课？

（4）在听课、记笔记、回答问题、操作练习、完成作业等方面，男生和女生的表现有什么差别？

心理学家研究表明：男生女生在心理发展方面存在着差异。女性的感知、注意力一般优于男性；在记忆方面，女性比较擅长形象记忆、感情记忆、运动记忆、机械记忆，男性比较擅长逻辑记忆和理解记忆；在思维发展方面，女性的形象思维胜于男性，男性的抽象思维超出女性；在思维品质方面，男性在思维的深刻性、灵活性、独创性和敏捷性方面一般优于女生；在想象力方面，女性倾向于带有形象性的特点，男性容易带有抽象性的特点。男生女生的智力类型是有区别的，男女生交往可以取长补短、差异互补，促进自我完善。男女生之间的交往可以激发彼此内在的积极性和创造性，提高学习和活动的效率。

你欣赏怎样的异性？

我所欣赏的女生类型：
性格：＿＿＿＿＿＿＿＿
行为习惯：＿＿＿＿＿＿＿
其他：＿＿＿＿＿＿＿＿＿
我不欣赏的女生类型：
性格：＿＿＿＿＿＿＿＿
行为习惯：＿＿＿＿＿＿＿
其他：＿＿＿＿＿＿＿＿＿

我所欣赏的男生类型：
性格：＿＿＿＿＿＿＿＿
行为习惯：＿＿＿＿＿＿＿
其他：＿＿＿＿＿＿＿＿＿
我不欣赏的男生类型：
性格：＿＿＿＿＿＿＿＿
行为习惯：＿＿＿＿＿＿＿
其他：＿＿＿＿＿＿＿＿＿

出谋划策

请各小组给小琳写建议：

有一天，小琳在课本中发现了一位同班男同学写给她的纸条，大意是说他很喜欢她，愿意和她做个好朋友。看到它，小琳既兴奋又害怕，她的心如揣了小鹿，怦怦乱跳，脸上像火烤一样。她想起了这个男生经常有意无意地看她，他们目光经常不经意相碰，好像非常有默契。这一切让她并不讨厌，甚至有点喜欢。可一想到平日里老师和家长关于严禁早恋的三令五申，又怕……

她不知所措了。

情景讨论

异性间如何交往，请讨论以下情景：

1. 罗芳病了，同学们邀请王勇一起去看她，王勇心里其实很想去，却又装出漠不关心的样子，借口不去。

2. 陈红热情大方，乐于助人。她对女同学是如此，对男同学也是如此。由于她的热情，不少男同学喜欢与她交往。其中有一位男生误以为她喜欢自己，因此常常写信给她，还约她。为此，她感到苦恼。

3. 某班上有一对男女同学，均是班干部。两人在工作中彼此有了好感，并因为经常接触来往而有了感情。两人陷入了"恋爱"的旋涡中，常常出双入对。这使得他们疏远了其他同学，也令同学们不再支持他们的工作。为此，他们感到不好受。

解读"异性效应"

在人际关系中，异性接触会产生一种特殊的相互吸引力和激发力，并能从中体验到难以言传的感情追求，对人的活动和学习通常起积极的影响。这种现象称为"异性效应"。

"异性效应"是一种普遍存在的心理现象，这种效应尤以青少年为甚。其表现是有两性共同参加的活动，较之只有同性参加的活动，参加者一般会感到更愉快，干得也更起劲，更出色。这是因为当有异性参加活动时，异性间心理接近的需要得到了满足，因而会使人获得程度不同的愉悦感，并激发起内在的积极性和创造力。男性和女性一起做事、处理问题都会显得比较顺利。

异性效应有自己发生的条件。在一个集体中，异性人数的构成，无论哪一方，不能少于所需要的最低比例——百分之二十，而且，年龄要相差不大。随着学生身心走向成熟，特别注意异性对自己的评价，寻求机会表现自己。在异性面前，重视个人的容貌和装束，更强烈地维护自己的自尊心。这本身便是一种道德约束力，异性效应的道德教育机制，关键也在这里。"异性效应"在青少年中主要有几下作用：

1. 利用"异性效应"取长补短，丰富和完善个性

进入青春期后，少男少女由于激素的分泌，第二性征的出现，使身体外形及体内机能发生了很大的变化。这一变化既影响周围人们的评价又促使自己性别角色认知的发展，因此，少男少女心理上的差异越来越明显。男孩子往往性格开朗、勇敢刚强、果断机智、不拘泥于细枝末节，不计较于点滴得失。当然也有的男孩骄横粗暴，逞强好胜。女孩子则往往文静怯懦、优柔寡断、感情细腻丰富、举止文雅，有较多的被动意识。男女同学相互交往、相互吸引，往往易于发现对方的长处和自己的不足，有利于相互学习、取长补短，丰富和完善自己的个性。

2. 利用"异性效应"提高学习与活动效率

男孩在思维方式上偏重于抽象化，概括能力较强；女孩在思维方式上多倾向于形象化，观察细致，富有想象力。因此男女同学在一起学习就可能相互启发，使思路更加宽阔，思维更加活跃，思想观点相互启迪，往往能触发智慧的火花。在活动中男女同学相互交往，心理交融，也易取得明显效果。在活动中适当运用"异性效应"，可以使男女同学在异性面前竭其所能，努力出色地完成任务。

3. 利用"异性效应"提高自我评价的能力

青春期的男女学生由于性意识的发展，往往非常留心异性同学（特别是自己喜欢的异性）的一笑一颦，一举一动，喜欢对异性同学评头品足，同时男女同学又都很重视异性对自己的评价。男女同学在评价对方的同时，当然也一定会注意规范自己，塑造自己，完善自己，从而在评价别人中学会评价自己，使自我评价能力得到提高。

4. 利用"异性效应"激励自己奋发向上

由于"异性效应"，青春期的男女学生都希望引起异性的关注，都希望能以自己的某些特点或特长受到异性的青睐。事实证明，有些对家长和老师都不顺从的男孩，在女孩帮助下，却能够逐渐要求自己专心学习，各方面都有了很大的进步。由于"异性效应"，男孩往往以此激励自己，使自己成绩优异，谈吐文明礼貌，举止潇洒自由，服饰整洁大方，富有探索精神，具有豁达的胸怀和男子汉气质。女孩也不知不觉地对自己提出了要求，学习刻苦努力，举止优雅大方，待人温文尔雅，言谈风趣，富有修养。这种异性间的相互激励成了男女同学发展的动力和"促进剂"。

5. 利用"异性效应"增进男女同学间的友谊和团结

在开展班级活动时，注意男女同学的搭配，男同学生病了，让女同学去探望；女同学行李重，让男同学去帮忙。诸如此类借助"异性效应"的做法，可以形成一种愉快喜悦的氛围，使集体成员之间产生一定的情感依恋，增强集体的凝聚力。这可以消除学生进入青春期后所产生的烦恼和对异性的神秘感，使男女同学之间的关系正常化，在集体交往中形成纯洁的友谊。

当然，男女同学在交往中既要无拘无束、坦诚相待，相互激励、共同进步，又要注意男女有别，适当把握异性之间交往的"度"，才能使异性交往健康顺畅地进行。

1. 男女之间同样存在友情和友谊，并且是人际交往的重要部分，与同性之交的区别仅仅是情感有限度之别而已。你是怎样区别友谊与爱情的？写出你的观点。

	友　情	爱　情
共同点		
不同点		

2. 学了这节课，我懂得了什么？

_____

_____

_____

心理实验

美女对男性的影响

　　加拿大心理学家声称，男人在那些貌美如仙的女子面前确实可能会失去理智，甚至连自己的祖国都会置之脑后。

　　戴利让自愿接受测试的 209 名汉密尔顿大学的男女大学生观看一组不同性别、相貌各异的人脸照片。这些接受测试的大学生同时被告知测试结束后会他们会有机会获得奖励，即他们可以选择在后天马上拿到 15～35 美元不等的支票，或是选择在更晚些时候拿到 50～70 美元不等的支票。也就是说，等待的时间越长，他们就有机会拿到更大数额的支票。

　　测试结果显示，男性大学生在观看了相貌普通的女性照片之后，均继续坚持自己在测试结束后应该多等些时日，以便拿到更大数额的支票。这表明他们的头脑还是非常清醒与理智的。然而，在看完那些靓丽少女的照片之后，他们脑海中对支票数额盘算的时间剧减，几乎是依靠感性认识就匆忙决定了取支票的时间。此时的男性大学生更趋向于选择短期经济利益，并且认为等待那笔数额更大的奖金简直就是一种让人难以接受的煎熬。相反，女性大学生无论是观看完帅哥，还是长相平平的男子照片之后所做出的决定都是理智与慎重的，并没有受到外界因素的影响。

　　心理学家目前还不能确切解释人类为何会由于性别上的差异而产生上述不同的测试结果，但是可以肯定的是，在观看了美女的容貌之后男性的神经系统会产生正常生理上的反应。

英国利兹大学生物进化学家托马森·皮扎利还提出了另一种解释，即假如一名男士由一名魅力十足的女子陪伴在身边，他将会比由一名普通女子伴随敢冒更大的风险。

第 12 课 ▶ 爱需要等待吗

所谓"爱"，并不是两个人互相凝视，而是两个人注视同一个方向。

——朱贝里

如果我们生活的全部目的仅在于我们个人的幸福，而我们个人的幸福仅仅在于一个爱情，那么生活就会变成一片遍布荒冢和破碎心灵的真正阴暗的荒原，变成一座可怕的地狱……

——别林斯基

处于花季的我们，总会有心动的时刻。我们听闻许多早恋的故事，总是有不完美的结局，让我们不寒而栗，我们总想远远地避开它。但是，有时早恋像苍蝇，它随时有可能干扰我们的正常生活。在你不经意间，早恋会披着美丽的外衣来到我们的面前，该怎么办呢？

每个人都会成熟，都要经历一个成熟的过程，爱情也一样。每个人心目中的爱恋都是这个世界最纯洁的。恋爱，一旦发生了，请记住：如果真的要爱，至少要先创造出爱的资本。没有资本的爱即使持续下去，也将是碌碌无为的一生。如果认为自己的爱真的经得起考验的话，就把它存在心中。而现在你们要做的是努力学习，为你们所爱的对方，创造一种舒适的生活。

心理故事

他们的故事

樱木是高一年级的一位男生，他品学兼优，篮球技术也不错，一直是父母和老师的骄傲。在一场篮球赛上，他无意发现自己一直被一个女孩子注意着，她就是隔壁班的晴子，她长发披肩、笑容甜美。多可爱的女孩啊！他马上被吸引住了，对晴子产生了好感，从此以后他们经常在校园的许多地方相遇，球场、走廊、食堂……两人都会脸红，而且不知所措。

但就这样，樱木的烦恼开始了，他开始幻想着每天能遇见那女孩，总想找机会与她接近。渐渐地他上课精神很难集中，成绩也开始下降了；打球也总是东张西望的，失误越来越多。

假如你是樱木，事情发展到这时，你会怎么办？怎么做可以让自己专心学习、专心打球？

假如是你是晴子，你该怎么面对樱木的表白？

他们最后走到一起的概率是多少？

爱情三角理论（Triangular theory of love）是由美国心理学家斯腾伯格提出的爱情理论，认为爱情由三个基本成分组成：激情、亲密和承诺。激情是爱情中的性欲成分、是情绪上的着迷；亲密是指在爱情关系中能够引起的温暖体验；承诺指维持关系的肯定期许或担保。这三种成分构成了喜欢式爱情、迷恋式爱情、空洞式爱情、浪漫式爱情、伴侣式爱情、愚蠢式爱情、完美式爱情等七种类型。

第一种是喜欢式爱情（喜爱）（Liking）：

只有亲密，在一起感觉很舒服，但是觉得缺少激情，也不一定愿意厮守终生。只有亲密，没有激情和承诺，如友谊。显然，友谊并不是爱情，喜欢并不等于爱情。不过友谊还是有可能发展成爱情的，尽管有人因为恋爱不成连友谊都丢了。

第二种是迷恋式爱情（痴迷的爱）（Infatuated love）：

只有激情体验，认为对方有强烈吸引力，除此之外，对对方了解不多，也没有想过将来。只有激情，没有亲密和承诺，如初恋。第一次的恋爱总是充满了激情，却少了成熟与稳重，是一种受到本能牵引和导向的青涩爱情。

第三种是空洞式爱情（空洞的爱）（Empty love）：

只有承诺，缺乏亲密和激情，如纯粹的为了结婚的爱情。此类"爱情"看上去丰满，却缺少必要的内容，金玉其外，败絮其中。

第四种是浪漫式爱情（浪漫的爱）（Romantic love）：

有亲密关系和激情体验，没有承诺。这种"爱情"崇尚过程，不在乎结果。

第五种是伴侣式爱情（伴侣的爱）（Companionate love）：

有亲密关系和承诺，缺乏激情。跟空洞式"爱情"差不多，没有激情的爱情还能叫爱情吗？这里指的是四平八稳的婚姻，只有权利、义务却没有感觉。

第六种是愚蠢式爱情（愚昧的爱）（Fatuous love）：

只有激情和承诺，没有亲密关系。没有亲密的激情顶多是生理上的冲动，而没有亲密的承诺不过是空头支票。

第七种是完美式爱情（完美的爱）（Consummate love）：

同时具备三要素，包含激情、承诺和亲密。只有在这一类型中我们才能看到爱情的庐山真面目。

心理知识

"爱情物质"知多少

　　当一个人坠入爱河时，文学家喻之为被丘比特之箭射中。所谓丘比特之箭，实质上就是体内的"爱情物质"，又被称为"恋爱兴奋剂"。

　　据美国精神学专家的研究，"爱情物质"有多巴胺、去甲肾上腺素、苯乙胺、内啡肽等。其中苯乙胺最为突出，它是神经系统中的兴奋物质，一旦遇到所爱慕的人时，体内此种特质就会起作用，一个动人的微笑便呈现于脸上，一种晕眩感便突如其来。正如欧洲哲人伽丘所说："真正的爱情能鼓舞人，唤醒内心沉睡的力量和潜能。"苯乙胺的神奇作用，由此可见一斑。但是超过18个月，这种爱情物质便不再产生，所以如果超过18个月还跟对方在一起才叫恋爱，这是由生理物质的爱变成从心理去爱，而未满18个月叫"练"爱。医学专家建议失恋者吃点巧克力的奥秘之处。因为巧克力富含苯乙胺，可以提高因失恋骤然降低的苯乙胺水平，从而改善苦闷抑郁的情绪。

心理体验

爱情之我见

1. 以下图片让你想到了什么？

2. 你认为爱情是什么？

_____

_____

LOVE

L：倾听 Listen——尊重、珍视、诚实、守信。

O：贡献 Offer——坚信自己的婚姻会长久、提前计划抚养孩子。

V：尊重 Value 和荣耀——做真实的自己、尊重配偶、共同参与婚姻生活重要决策、宽容接受。

E：拥抱 Embrace——增加身体接触、必要的独处、多交流、对相互的情感负责。

心理活动

什么是真爱?

小组讨论，请代表发言。

小组准备一个真爱的故事，一起分享。

LOVE

真正的爱首先是爱自己；然后是相互、彼此的付出，彼此的谦让；最后，在爱情中，成长、成熟、成为真实的自己。为了他人而扭曲自己的爱是不成熟的爱、危机四伏的爱。

拓展阅读

所有的日子依旧美好

世间万物各有时节，过早地成熟，就会过早地凋谢。

我们既然是在春天，就不要去做秋天的事。

不要以为我细小的手指可以抹平你心中的创伤。

不，它能承受的只是拿书的力量。

我脆弱的心灵载不动你的款款深情，驶向海洋。

我不想让自己的小船过早地搁浅，

所以，请收回你热烈的目光。

请原谅我的沉默，丢失我，你并不等于失去一切。

如果真的如此不幸，只能说你还太幼稚。

把我连同你青春的心事一块儿，尘封进那粉红色的记忆吧。

那时，你会发觉阳光依然灿烂，所有的日子依旧美好。

教师寄语：爱，非常的美好，但不该开花的时候开花，不该结果的时候结果，是会受到自然规律的惩罚的，爱情之花也该开放在生命之树成熟的季节。

我尊重你们的感情，也相信大家心目中的爱恋是这个世界最纯洁的。只是，你们在一个不适合的季节选择了开花，如果你们认为自己的爱真的经得起考验的话，就把它存在心中。而现在你们要做的是努力学习，为你们所爱的对方，创造一种舒适的生活。

心中有爱不轻易地去爱，要守住那份青春的纯真，这才无悔青春。

♥ 心灵感悟

学了这节课，你懂得了什么？

_____

_____

_____

♥ 心理实验

大脑把危险信号当作爱

哲学大师罗素曾风趣地说，恋爱中的男人往往喜欢带女伴去看恐怖电影，因为在女伴被吓得花容失色时拥她入怀，既可以展示自己的男子气概，又不用冒一丁点实际的风险，实在是一条终南捷径。

大师没有预料到的是，带女伴去看恐怖电影的男人除了展示男子气概，很可能还会得到另外一种奖赏：女伴很可能会因为心跳加速、手心出汗，而觉得自己更爱对方了。换言之，她会把紧张情绪引起的生理反应等同于爱的感觉。

你也许会觉得荒谬，这样说依据何在？且让我们来看一个有趣的心理学实验，这个实验是由心理学家达顿和阿伦设计的。第一组参加实验的男大学生在一个漂亮的女采访者的陪伴下走过一条高悬于峡谷之上的吊桥，吊桥非常狭窄，还摇晃个不停；第二组男大学生随后同样在这位漂亮女士的陪伴下走过一条小溪之上的木桥，木桥宽阔而稳当。这位漂亮女士在过桥时分别采访了这两组男大学生，告诉他们自己是心理系的学生，想了解优美的景色对创作有什么帮助，她展示了一些图片，让他们根据图片来编故事。过桥后，这位漂亮女士给每一个男生留下了电话，跟他们说，如果他们想要了解更多的内容，可以给她打电话。

结果如何呢？第一组男大学生中，有 78% 的人接受了电话号码，其中又有一半的人拨打了电话；在第二组男大学生中，虽然接受电话号码者也高达 72%，但只有 12.5% 的人拨打了电话。分析两组大学生根据图片创作的故事，发现第一组男生的故事中包含着更多的情爱成分。

为什么会这样呢？达顿和阿伦给出了一个解释，任何人走过摇摇晃晃的吊桥时，难免都会心跳加速、呼吸急促，心理学家称之为生理唤起，当旁边有一位迷人的异性相伴时，实验对象就会倾向于把这种生理唤起与异性的存在联系起来，而与异性有关的情绪难免就与情爱有关了。换言之，迷人异性的存在使大脑将由于恐惧引发的神经反应错误地归因于情爱。

第 13 课 ▶ 因为等待，所以美丽

真诚的、十分理智的友谊是人生的无价之宝。你能否对你的朋友守信不渝，永远做一个无愧于他的人，这就是你的灵魂、性格、心理以至于道德的最好的考验。

——马克思

尊重生命，尊重他人，也尊重自己，是生命进程中的伴随物，也是心理健康的一个条件。

——弗洛姆

爱，首先是尊重；是尊重自己，也是尊重别人。因取悦别人而失去自我，美丽已永远离去；因放纵自己而伤害别人，更不是爱的真谛。

青春期是一个人从儿童到成年的过渡期，它是以第二性征出现为明显特点，生理和心理发生重大变化的时期，也是决定个体一生体质、智力、个性和心理发育最重要的关键时期。可见，青春期与青少年内在关联很密切，它是生命中令人激动的时刻，充满着变化：青少年变得更聪明、更复杂、更有能力做出自己的决策；他们满含着对生活的探索和质疑，同时也特别需要引导和帮助。性教育又是终其一生都要学习的内容，不仅关乎青少年的现在，还影响着他们的未来。

心理故事

"我"的担心

我 13 岁，刚刚毁掉了自己的生活。我以为 Mike 真的很喜欢我，但是昨天晚上我们第一次发生性行为后，今天早晨他就告诉我的朋友他不想再见到我了。我以为我把 Mike 想要的给了他会让他快乐，他也会更爱我了。如果我怀孕了怎么办？我该怎么办？我感到这么孤独、迷惑……我不能对父母讲，你能给我回信，帮助我吗？我不知道该怎样继续自己的生活。

在人类社会中，一般所认可的方式是在婚姻范围内实施性行为达到性的满足。但对现代青年来讲，从性生理成熟到结婚要度过十多年时间，有性的能力却无处可用，有的学者把这一时期称为"性失业期"，甚至有人认为是现代人青春时代的残酷性。确实，如何摆脱性冲动的困扰，更加精神饱满地投入学习和工作中，是一个现代青年必须独自面对的成长过程。下面介绍几种心理学家推荐的小技巧。

1. 经常运动

出现性冲动时，可以到户外跑跑步、打打球、游游泳或冲个冷水澡，或干些什么体力活，通过脑、体、心的全方位转移，使性冲动快快消失，让快乐心情回来。

2. 转移注意力

这是个有效的方法。比如双方正在谈暧昧的话题时，对方或自己有了蠢蠢欲动的感觉，这时可把方向转到工作、学习等健康内容上。因为语言内容的变化，兴奋的心情会压抑回去。

3. 改变环境

有时在某一环境里，因条件刺激而有性冲动产生。比如在公园散步时由于灯光暗淡，树丛花香而引起性冲动的产生，这时可主动提出到光亮或人多的地方，或找借口说"今天身体不舒服"，或者说"今天跟家人说好，必须早回家"等来控制自己的冲动。

4. 认真选择朋友

不要结交道德品性差的朋友，因为他会影响你的一生，远离他们，等于远离烦恼。

5. 修身养性

我国的"气功"，佛教的"禅"，印度的"瑜伽"，其修身养性的方法对我们也有借鉴的意义，即通过"眼观鼻准（即鼻尖），意守丹田"的程序使大脑皮层进入到一种静息的状态，使得"杂念顿除，心旷神怡"。

少男少女过早性行为带来的后果

2010 年 4 月，由国务院妇女儿童工作委员会办公室、联合国人口基金会和北京大学人口所联合发布的《中国青少年生殖健康调查报告》显示，我国 15～19 岁青少年中，9%的男孩和8%的女孩有过性经历或者体验。

对女孩生理健康方面的影响：

❶ 早期性行为者宫颈癌的发病率也较高。资料显示，20 岁以前结婚（发生性行为）的妇女，宫颈癌的发病率约为 1.58%；21 岁以后结婚（发生性行为）占到 0.237%。

❷ 怀孕后易引发贫血、难产、感染、大出血等并发症，少女人工流产易引起感染、不育等并发症。

❸ 易感染性病、艾滋病以及妇科病等。

❹ 造成生殖器管道损伤及感染。

对女孩心理健康方面的影响：

❶ 背上沉重的心理负担。调查发现：有 27.3%的人性行为后害怕怀孕，21.3%很懊悔，21%的人惧怕败坏名誉。在接受人流手术时，怕手术痛苦者占 48.4%，不敢告诉家长者占 17.3%，不在乎者占 13%，怕失恋后不易找到对象者占 20.7%，无所谓者占 17%。

❷ 影响学习和工作。

❸ 使亲人伤心，担忧。

❹ 影响成年配偶的选择。

❺ 给婚后给家庭生活带来阴影。

对男孩生理健康方面的影响：

❶ 易引起慢性前列腺炎等疾病。

❷ 生理功能障碍：如早泄或阳痿等。

❸ 影响将来做父亲、长高。

❹ 易感染性病、艾滋病等疾病。

对男孩心理健康方面的影响：

❶ 引发心理障碍。如：因无法承担责任而引起的焦虑、恐慌。

❷ 给婚后给家庭生活带来阴影。

❸ 恋爱自由度受影响，分手易受女生的报复。调查表明：性行为后女方想法报复男方的占 10.7%，既悔恨又摆脱不掉男方的占 21.3%。

❹ 影响学习和工作。

❺ 厌倦感。

性行为是一种具有后果的行为，本身带有一种责任和互相给予。我们现在无论是从经济、生活、心理、社会规范和道德没有能力承担这些后果。

避孕知识大比拼

	口服避孕药	安全期计算	避孕套	体外射精	阴道冲洗法
成功避孕率	99%	65%	98%	75%	60%
怕不怕副作用	怕	不怕	怕	不怕	不怕
怕不怕月经出问题	怕	怕	不怕	不怕	不怕
怕不怕染性病	怕	怕	不怕	怕	怕

请问：有哪一种避孕知识是绝对安全而没有任何副作用的吗？

拓展阅读

涩果的味道——心灵深处笼罩着一层黑幕

A：你对这件事到现在为止，怎样评价？

B：有两方面：首先，我对很多事有了怀疑态度。当时我说，为了赚钱，我去给人当小蜜，也无所谓，但实际上，我不会去这样做。另一方面，这事让我活得比较现实了，以前的理想化活法在残酷的现实面前不攻自破。这件事让我明白只有自己能好好保护自己，爱情都不能解决这个问题。虽然我的心灵深处还笼罩着一层黑幕，虽然这是一段失落的感情，但在我内心深处，还是很渴望真正的爱情。

A：从外表看，我觉得你是一个比较强悍的人，别人不会影响到你，但聊了之后，发现不全是这样。

B：我的确是一个有主见的人，也把什么表情都写在脸上。有什么看法我都会直接说出来，我希望我的人生很有故事，很有经历，我不希望到死时还不知道痛苦是怎么回事。我觉得一个人经历了痛苦之后，才会明白幸福是怎么回事，所以这件事在让我痛苦的同时，也使我学会了很多东西，明白了很多道理。

A：你喜欢和什么样的人在一起？

B：年龄比我大、层次比我高、懂得比我多、能让我获得东西的人。

A：你现在怎样想这件事？

B：这事发生到现在也有很多年时间了，我不知道以后我会怎样想。我只知道，我有一个自己不断思考的过程，至少不会像一个真的很小、很单纯的女孩那样一切空白。所以这也不单纯是一件纯粹的坏事。

B：和一些怀孕的中学女生相比，我已经幸运了很多。我以前一直以为，这都是很独特的故事，很不一样的经历，现在也觉得没什么了，有故事的人多的是，我现在也把这件事看得很淡了，这就是我现在能很平静地把它讲出来的原因。一定要学会说NO！

A：你怎么看中国的性教育？

B：这是一个非常大的问题。我觉得现在的孩子太早熟了，看过三级片的孩子多了去了。有同学跟我说，他们男生聚在一起看三级片是很普通很普遍的一件事情。所以你不要认为他们真的很单纯很单纯，你可以很坦率地跟他们交谈。不要讲得那么理想化，什么精子游过去，找到那个大卵子，它们幸福地结合在一起。甚至应该讲得危言耸听一些，如果一个女孩子做这件事，就可能会怀孕。我觉得应该说得明白一点。

A：你希望医院的医生有什么态度？

B：如果有一个未成年女孩怀孕流产，大夫应该很温柔地对她，至少不应该用冷酷的态度，应该像家长对待一个需要求助的小女孩，帮助她。但我觉得这好像是不可能的。

A：想对同龄人说什么？

B：千万不要轻率地做这件事，一定要学会说NO。不要从所谓的爱的角度出发，奉献自己，当然爱是要奉献的，但在这方面，一定要关爱自己。

A：你觉得我们正在做的这件事有意义吗？

B：实话说，意义不大。全社会都来关心这个问题。但也是一阵风，绝不会因为你今天做出了这样一份东西，社会教育就全变了。这也和学校有关系，重点学校少一些，普高和职高很普遍。其实这种事也很容易发生，如果两个人都有一种冲动，在夏天，很方便，只要有身体的接触就会一发不可收拾。至于怀孕，到时再说吧。

A：对这件事，你觉得教育有用吗？

B：其实这个问题的关键和实质是：你有没有爱自己，有没有一个对自己负责的态度。应该把这件事想明白，再去做。如果你完全沉浸其中，把其他都抛在脑后，伤害自然会跟随其后。

A：你了解艾滋病吗？

B：知道，它叫什么什么免疫症吧。

A：你知道它的传播途径吗？

B：体液、伤口血液传播，好像接吻不传播，唾液不传播。如果口腔中破了一个洞，流血，接吻会传播。

A：你觉得自己周围的性行为安全吗？

B：我不好对整个学校做评价，至少我周围是安全的。

访谈手记

和历历的访谈结束后，天已经完全黑了。她还是坚持送我到公共汽车站搭车，我发现历历的情绪有点低落。我问她："你英语这么好，以后还会不会再去国外生活？"她摇了摇头说："短期会待一段时间，长期是不可能的，我已经知道了国外的实际情况，没有什么向往了。其实，任何事情自己的体验是最重要的。只有自己能教育自己。"我想，也许这句话，历历想说的不止出国这一件事。

再次见她，是我的访谈整理好以后，我们约在一个联欢活动中见面。迎来送往之后，我才有机会坐下来和历历谈稿子的事情。我让她先看稿子。我还要招呼其他几位嘉宾。但是，在所有人的欢声笑语之中，我发现，历历在擦眼泪。

（摘自《藏在书包里的玫瑰》孙晓云）

女性怀孕的先兆

1. **停经**：女性怀孕后月经停止。这往往是女性最早注意到的迹象。
2. **恶心**：通常会发生莫名其妙的恶心，早晨特别明显，有时也会在晚上或闻到某种气味时发生。
3. **尿频**：夜里频繁上厕所，白天也会经常有尿感。
4. **口味变化**：有的女性注意到自己的口味发生变化，有人有食欲，有人则胃口全无。
5. **感觉疲劳**：感觉疲惫不堪，情绪化或沮丧，都可能是怀孕的先兆。
6. **乳房变化**：乳房会变重、变软，有时乳头会有刺痛感。

心灵感悟

"性"前三思

1. "性"是否成为你依附或控制对方的工具？依附（　）　控制（　）
2. 你确定明白"性"带来的有关早孕的风险了吗？明白（　）不明白（　）
3. 你了解"性"会带来哪些疾病？你知道怎样预防这些疾病吗？了解（　）
   不了解（　）
4. 你确定能为自己的行为负责吗？能（　）　不能（　）　不确定（　）
5. 你了解早孕给女孩子的痛苦和伤害吗？
   她身体上可能会＿＿＿＿＿＿＿＿＿＿＿＿＿＿＿＿＿＿＿＿＿＿＿。
   她心理上可能会＿＿＿＿＿＿＿＿＿＿＿＿＿＿＿＿＿＿＿＿＿＿＿。
   她也许再也不能＿＿＿＿＿＿＿＿＿＿＿＿＿＿＿＿＿＿＿＿＿＿＿。
6. 你了解过早发生性行为对男孩子的影响吗？
   他身体上可能会＿＿＿＿＿＿＿＿＿＿＿＿＿＿＿＿＿＿＿＿＿＿＿。
   他心理上可能会＿＿＿＿＿＿＿＿＿＿＿＿＿＿＿＿＿＿＿＿＿＿＿
   ＿＿＿＿＿＿＿＿＿＿＿＿＿＿＿＿＿＿＿＿＿＿＿＿＿＿＿＿＿＿＿＿。

拓展阅读

性带来的后果

　　假如我曾经等待，我就能想到现在我的生活会是多么平静，我的思绪也不会受到重担的缠绕，就像几年前的日子一样。

　　如果你想知道真实的情况是什么样的，请你拿起两张纸，把一张纸的一部分粘到另一张上面。干了以后，把它们撕开。在你手中的是一幅形象的图画，描述了婚前性行为之后的两个人，一一都被撕裂，都把自己的一部分留给了对方。

我所有的交往都有两个共同点：一方面我们有许多性行为，另一方面我们的关系总是以失败告终，我总是经历（而且我现在还在经历）难以承受的痛苦。我不知道分手是因为上帝不喜悦我们的性行为，还是由于其他原因，但分手带来的伤害比任何事情都大。

　　17 岁的时候，我终于和那个女生发生性行为了。我以为自己是所有人中最抢手的。接着她开始告诉我她爱我，而且黏住我不放。我才明白在我之前可能有一打儿男生曾经"征服"过她，但这些人只不过是她的目标，用来满足她的安全感。这一下子把我帆上的风都卸掉了。更糟的是，在进一步了解后，我发现自己再也不能尊重任何一个像她那样容易让步的人；而且我也惊奇地发现，过了四个星期想要多少就有多少的性行为之后，我对她开始感到厌倦。我看不到任何可以让我们继续保持关系的理由。终于，我甩了她，而这让我的感觉更糟了，因为我能感觉到她受伤了。她的父母中至少一个是（或许都是）酒鬼，她的家庭生活是一场灾难，在她刚刚觉得自己能够抓住一个人的时候，我又让她坠入了深渊。我对此一点儿也不觉得残酷。我感到极度消沉。

　　我很难想象，自己要怎样面对未来的妻子，该怎样启齿，告诉她，我曾经在毫无承诺的情况下，和别人享受只有在婚姻中才可以拥有的性亲密。我把未来的妻子看作是遥远的模糊的影子，而不是一个有血有肉有情感的人，我想当然地认为，她不会因为我的性历史而受伤。

第 14 课　架起心的桥梁

> 　　在历史的长河中，有一颗星星永远闪亮，那便是亲情。
> 　　时间可以让人丢失一切，可是亲情是割舍不去的。即使有一天，亲人离去，但他们的爱却永远留在子女灵魂的最深处。
> 　　　　　　　　　　　　　　　　　　　——高尔基

　　在人们漫长的情感生活中，有些爱，宁可稀少，不可缺少，因为那是我们情感的源头，这就是亲情。"父母"是我们每个人都熟悉的词，但是又有几个人认真地理解这个词？"父母"象征着什么？其实父母象征着爱，象征着一种无私的爱，父爱如山，母爱如水，他们的爱时时刻刻萦绕在我们的身边，一分一秒都没有间断过，它无声无息地伴随着我们成长，伴随着我们度过每一天。

心理故事

萍萍的苦恼

　　萍萍，高中一年级学生，经常撒谎，不对母亲说真话，讨厌母亲，与母亲无情感沟通，不愿接受母亲的管教；害怕回家，不愿看见她母亲；为得不到母亲的关爱很痛苦。萍萍在单亲家庭中成长，父母离异，与母亲生活，家庭经济状况不太好。小时候母亲很爱她，对她期望值过高，要求极严，小学五年级因为与同学外出游玩回家晚，被母亲打骂，并找到同学威胁她们以后不准约她女儿出去玩；以后再没有同学与萍萍玩。萍萍变得孤独无助，内向，越来越自卑，学习成绩一蹶不振。母亲的打骂也越来越多。

　　在学会如何与父母沟通之前，我们必须要有一个认识：父母也是一个平凡人，也有平凡人的缺点，而且大多数父母都是"望子成龙，望女成凤"，他们可能文化水平不是太高，并不太懂得如何去表达自己的期望，但是出发点是好的。

　　父母与子女之间有一定的心理距离是正常的。因为两者的经历不同、心理成熟程度不同、所处的地位不同、对待现实与未来的看法不同。

　　沟通应是双向的交流，与父母关系如何，子女也应该负一定的责任。

　　在懂得了这几点以后，我们再来介绍几种与父母沟通的方法。

方法一：正确认识自己，消除叛逆心理。

　　许多同学一听到父母的话就顶嘴，假如能想一想父母说得对不对，用解释说明或自嘲取代顶嘴这种偏激的方式，效果一定好得多。

方法二：适当改变自身个性行为。

　　有很多同学总是说妈妈很啰唆。但是你知不知道，妈妈为什么总是讲来讲去呢？那是因为她觉得你没有做好，她不放心。如果你在父母啰唆前尽可能做好所有会被啰唆的事（如洗碗、做作业、整理自己房间、不乱丢垃圾等），让父母没有啰唆的机会，那么父母就会觉得孩子已经长大了，不再需要他们操心，心里很高兴，自然就不会讲来讲去了。

方法三：积极沟通。

（1）用恰当的方式表达不同意见

　　如果你认为父母确实做得不对，可以试着将你的想法表达出来，千万不要压抑心中的不满。

（2）多向父母了解他们的过去

　　多问问父母："你以前是怎样的？"了解他们的趣事，有利于双方沟通。虽然年代不同，但仍有许多感受是相同的，比如贪玩、顽皮、恶作剧、叛逆等。父母有时会忘了他们以前这些感受，而用一些他们自认为很对的方式要求我们，这样一谈，会使他们想起自己的过去，从而更好地理解我们的感受："原来我们当时不也是这样的吗？"很多时候，当父母讲起"想当年，我……"时，不少同学会感到厌烦甚至反感，其实，我们并没有努力从中找出与父母相类似的感受，而是一下子就树立了对抗情绪，阻碍了继续更好地沟通，如果我们注意倾听的话，我们与父母一定会产生共鸣，把心拉得更近的。

（3）赞美父母并虚心请父母提意见

父母也是人，也喜欢赞美。并且人都有一点逆反心理，多些赞扬父母反而会使他们意识到自己的不足；同样多请父母对自己提出批评，并虚心接受正确的意见，也会使他们注意到自己的不足，从而使双方更为了解。

世界上有很多事情都不是绝对的，有好的方面，也有不够好的方面。爸爸妈妈也一样，我们要善于发现他们的优点，也要宽容他们的缺点。"人非圣人，孰能无过？"但是再多缺点的父母也是爱自己的儿女的。只要我们用心地去发现，就一定可以从父母啰唆、严格、不近人情的表面发现他们爱我们的内心。

💗 **心理知识**

不同年龄对亲子沟通的影响

日本的一项调查表明，15～19岁的男孩有烦恼时，57%的人愿意向同龄朋友倾诉；26%的人把苦恼告诉父亲；37%的人告诉母亲。到20～24岁，男孩向同龄人倾诉的比率下降到35%；对父母倾诉的比率也分别下降到22%和23%。但到25岁以后，向同龄人倾诉的数字进一步下降至27%，而向父母倾诉的数字则上升为39%和70%。这些数字恰好印证了心理学中对代沟的解释。心理学认为，一个人10岁之前是对父母的崇拜期，20岁之前是对父母的轻视期，30岁之前又变为对父母的理解期，40岁之前则是对父母的深爱期。由此可见，10岁至20岁的青少年最易与父母发生代际冲突。

💗 **心理体验**

请你填写以下关于父母的信息。

1. 你父母的生日是_____。
2. 你父母的体重是_____。
3. 你父母的身高是_____。
4. 你父母穿_____码鞋。
5. 你父母最喜欢的颜色是_____。
6. 你父母最喜欢的水果是_____。
7. 你父母最喜欢的花是_____。
8. 你父母最喜欢的日常消遣活动是_____。
9. 你父母最喜欢的菜是_____。
10. 你父母最常回忆的事情是_____。

心理活动

艰难的抉择

写下你生命中最重要的五个人。_____

在这五个人中将不那么重要的一人划去，然后再四选一划去另一人，依次类推，三选一，二选一，最后纸上只剩下一人了。

第一个划去的是：_____。理由是：_____。

第二个划去的是：_____。理由是：_____。

第三个划去的是：_____。理由是：_____。

第四个划去的是：_____。理由是：_____。

最后留下的是：_____。理由是：_____。

拓展阅读

父亲的爱

爹不懂得怎样表达爱，使我们一家人融洽相处的是我妈。他只是每天上班下班，而妈则把我们做过的错事开列清单，然后由他来责骂我们。

有次我偷了一块糖果，他要我把它送回去，告诉卖糖的说是我偷来的，说我愿意替他拆箱卸货作为赔偿。但妈妈却明白我只是个孩子。

我在运动场打秋千跌断了腿，在前往医院途中一直抱着我的，是我妈。爹把汽车停在急症室门口，他们叫他驶开，说那空位是留给紧急车辆停放的。爹听了便叫嚷道："你以为这是什么车？旅游车？"

在我的生日会上，爹总是显得有点不大相称。他只是忙于吹气球，布置餐桌，做杂务。把插着蜡烛的蛋糕推过来让我吹的，是我妈。

我翻阅相册时，人们总是问："你爸爸是什么样子的？"天晓得！他老是忙着替别人拍照。妈和我笑容可掬地一起拍的照片，多得不可胜数。

我记得有一次叫他教我骑自行车。我叫他别放手，但他却说是应该放手的时候了。我摔倒之后，妈跑过来扶我，爸却挥手要她走开。我当时生气极了，决心要给他点颜色看。于是我马上再爬上自行车，而且自己骑给他看。他只是微笑。

我念大学时，所有的家信都是妈写的。他除了寄支票以外，还寄过一封短柬给我，说因为我没有在草坪上踢足球了，所以他的草坪长得很美。

每次我打电话回家，他似乎都想跟我说话，但结果总是说："我叫你妈来听。"

我结婚时，掉眼泪的是我妈。他只是大声擤了一下鼻子，便走出房间。

我从小到大都听他说："你到哪里去？什么时候回家？汽车有没有汽油？不，不准去。"

爸完全不知道怎样表达爱。除非……

会不会是他已经表达了而我却未能察觉？

（摘自《读者文摘》1987 年 12 期）

心灵感悟

亲情计划

1. 父母最希望我做出的改变有：_____。

   通过努力，我能做到的：_____。

   我暂时不能做到的：_____。

2. 以后与父母发生误解或冲突时，我的反应：_____。

3. 我最想对父母说的一句话是：_____。

心理实验

哈洛的母爱剥夺实验

　　华生（1878—1958），美国心理学家，行为主义心理学的创始人。他认为心理学研究的对象不是意识而是行为，心理学的研究方法必须抛弃"内省法"，而代之以自然科学常用的实验法和观察法。华生在使心理学客观化方面发挥了巨大的作用。1915年当选为美国心理学会主席。他对母爱的定义是：

　　1. 太多的母爱是危险的，要像对待成人那样对待你的孩子，比如，和他握手，但别拥抱和亲吻他们；

　　2. 孩子对爱的需求来源于对食物的需求，满足了他对食物的需求就满足了他们对爱的需求。

　　英国比较心理学家哈洛，早期研究灵长类动物的问题解决和辨别反应学习，其后用学习定势的训练方法比较灵长类和其他动物的智力水平。曾荣获国家科学奖，1951年当选为国家科学院院士，1958 年当选为美国心理学会主席，1960 年获美国心理学会颁发的杰出科学贡献奖。哈洛被称为猴子先生，他用猴子做的"母爱剥夺实验"，被称为改变了全人类。

　　哈洛认为母爱源自"舒适性触摸"，他用一群猴子做了大量的实验，基本的观点是反对华生的"食物妈妈"理论。基本内容是：给一些小猴子找代理妈妈，一部分猴子的妈妈是铁丝做的，称为铁丝妈妈，一部分是绒布做的，称为绒布妈妈，喂养方式完全一样。

以下是他实验的一组惊人数据：

1. 给猴子们相同的食物，猴子们吃的差不多，但是铁丝妈妈养的猴子，消化不好；

2. 如果受到惊吓，小猴子跑向绒布妈妈，不管谁喂的他们；

3. 小猴子会拥抱、亲吻绒布妈妈，如果没有绒布妈妈，小猴子就吓得蹲在地上，团成一团、战栗、吃手指、摇摆……

4. 如果小猴子和代理妈妈分别三十天，当被送回到代理妈妈身边时，绒布妈妈养育的孩子会飞快地扑向绒布妈妈，拥抱、亲热、高兴，铁丝妈妈代理的孩子，只会找个角落蹲下来，冷漠。

5. 猴子孤儿一般都会出现吃手指、摇动的现象。

当代理妈妈们养的小猴子长大后，研究者发现——

铁丝妈妈养育的小猴子：

1. 冷漠、呆滞，类似于自闭儿童行为。

2. 所有的公猴子都失去了寻偶和交配能力，未能有下一代。

3. 有18个母猴子自愿"结婚"了，有18个母猴子"强迫结婚"了。

4. 这36个"结婚"的猴子，仅有20只生了小猴子。

5. 这20只生了小孩子的、铁丝妈妈养大的母猴子，有1个极其笨拙地喂自己的孩子，有7个对自己的孩子视而不见，毫不理睬，有8个殴打、虐待自己的孩子，还有4个竟然杀死了自己的孩子！

而绒布妈妈养大的孩子基本上都正常地生活了……

这个实验很残酷，历时三年，后来实验室被关闭了，哈洛因他的实验结果被授予美国总统科学奖。

哈洛本人是个冷酷、残暴的人，他结合自己的成长经历认为华生的理论是错误的，因为他的母亲在食物方面做得非常好，但是对他很冷漠，如有身体上的接触也是挨打，因此，他萌生了做实验来推翻华生的观点想法……

这个实验的结论是：母爱，缘于舒适性接触、摇动、玩耍，如果你能提供这三个变量，你就能满足一个灵长类动物的全部需求。

第四章

学会学习，终生学习

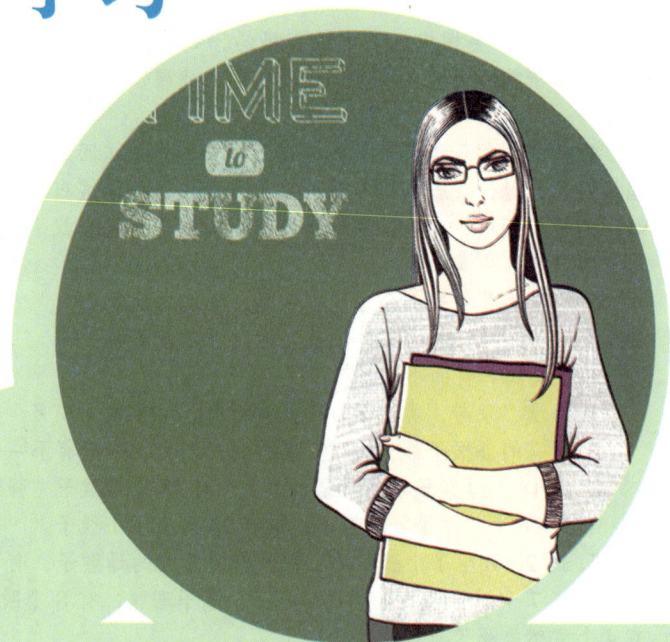

◀ 教学目标

1. 了解学习动机、兴趣和信心对学习的作用，激发学习兴趣和动机。
2. 掌握科学的学习方法，学会应对考试焦虑。
3. 正确认识学习中的压力和挫折，在实践中树立有效学习、终生学习的意识。

◀ 教学要求

认知： 了解激发学习兴趣和动机的方法，理解学习概念的新内涵。

情感态度观念： 培养学习信心和兴趣，体验学习过程中的积极感受，树立终生学习和在实践中学习的理念。

运用： 掌握科学的学习方法和策略，提高学习能力，克服考试焦虑。

第15课 认识学习

> 读书可以增加知识，谈话可以启发智能。
>
> ——英国谚语
>
> 人生不是受环境的支配，而是随你自己习惯的思想而摆布。
>
> ——赫胥黎

从孩童到青少年，我们都是在学校里度过的。校园生活中，最重要的事情就是学习。面对课本，面对老师，面对课堂，莘莘学子怀揣着梦想和憧憬，为自己的美好未来打拼。在这漫长而充实的过程中，有些人迷茫了，模糊了目标，失去了动力。我们究竟应该如何学习，如何完满地完成这人生中最关键的任务？

心理故事

一位善于学习的药店经理

李卫东是某职中药学专业 2009 年的毕业生，工作两年的他已经是北京一家知名企业的药店经理了，每年他都要回学校招聘学弟学妹。李卫东说，中学时他有些偏科，英语不好，考普通高中上大学有些难度，于是，初中毕业他就选择了自己喜欢的中职专业。入校后，他时时刻刻都不忘提醒自己，努力学习专业知识和相关技能。毕业后，他找到了一份不错的工作并坚持奋斗。他一直很热爱自己的工作，并在岗位上做出了成绩。2011 年初，李卫东开始担任药店的经理，他根据市场的变化做出应对，以规范、细致、专业化的服务吸引消费者，还注意加强管理，以经营品种和服务的差异化来赢得市场。不仅获得了领导的赏识，也获得了消费者的信赖和好评。

学习是什么？"学，识也"（《广雅》），"学，效也"（《尚书》），学就是认识和效仿，侧重于获取；"习，数飞也"（《说文》），意思是小鸟不断拍打着翅膀试飞，这是"习"的本意。也就是说，学习不仅仅是获取，还包括对获取的内容进行温习、练习和实习，从而使之得以巩固。

一、学习的内容

学习不仅包括知识的学习，还包括技能的学习和行为规范的学习。 例如，学习天文、地理、历史变迁的过程及发展规律、公式、定律等属于知识的学习；学习电脑操作、维修电器及使用机械设备、美容理发、打篮球等都是技能的学习；学习社会行为准则、风俗习惯、接人待物的礼仪、公民道德、法律法规和校规校纪等都属于行为规范的学习。通过学习，我们的经验会越来越丰富，我们的技术会越来越熟练，我们的行为会越来越符合社会的要求，能更好地与人相处。学习使我们成长、成熟。

二、常见的学习心理问题

1. 认识错误

有些学生感到学习目标不明确，有些学生忽略老师授课过程中所提出的具体教学要求或教学目标，学习没有目标，就会失去动力。此外，不少中职生对学习的认知内驱力不足，学习的实用化倾向十分明显，过分追求学习上的急功近利和"短、平、快"，对学习文化基础课和思想品德课很不情愿，认为学了没有用，结果学习缺乏动力，不思进取，得过且过，不愿意学习。

2. 缺乏学习兴趣

因学习内容增加，难度加大而失去学习兴趣。进入中职后，各专业都有系列的专业课，专业课中抽象的理论多，能力要求高，部分学生由于原来基础差，开始时没有足够的重视，学习跟不上进度了，学习中的问题也越积越多，成功的体验也越来越少，学习兴趣逐渐减弱。一些专业理论课的课程难度比较大，不容易理解，需要较强的抽象思维能力，但学生很缺乏，加之在学习中见效慢，时间长了就失去了学习兴趣。有些学生对所学专业没有兴趣，导致学习兴趣降低。有的学生对所学专业不了解，在报读时不是按自己的意愿选择该专业，结果不喜欢所学专业，从而失去兴趣。

3. 意志力不强

意志是人在行动中自觉克服困难以实现预定目的的心理过程，表现在学习活动中的种种意志就是学习意志。中职生在学习过程中，有许多学生缺乏恒心，学习没有顽强拼搏的毅力，坚持性差，遇到困难就退缩，屈服于面临的困难，以致学习不能达到良好的效果。总体来说，由于意志力差，他们在学习过程中，常常是失败多于成功，造成恶性循环，越学不好越没毅力去学，对某些知识的学习不能坚持到底，结果学习效果不佳。

4. 学习方法不佳

性格是人对现实性稳定的态度以及与之相适应的习惯化了的行为方式，在学习活动中形成并对之发生影响的性格称为学习性格。在这方面，相当一部分中职生缺乏良好的学习习惯，没有有效的学习方法。

心理知识

提问：你是否善于质疑或多发问？

54.57%：做了否定回答，遇见问题不问，不懂装懂，不求甚解，无学习责任，把学习当成休闲；

62.08%：没有良好的自学习惯，表现为惰性大，依赖性强，学习不主动，课前不预习，课后不复习、总结；

65.34%：不善于安排和调整学习时间，整个学习过程无计划，无目标，无措施；68.83%的学生上课时注意力不集中；

74.71%：不关注老师平时授课时强化的内容与例释，课内不做笔记，或根本不知如何听课；

62.23%：不会结合实际灵活运用知识。

三、调整学习动机

1. 学习动机及意义

学习动机是什么？**学习动机指的是直接推动学生进行学习的一种内部动力，是激发和指引学生进行学习的一种需要。**

影响学习的因素主要是受学习动机的支配，其次也与学生的学习兴趣、学习的需要、个人的价值观、学生的态度、学生的意向水平以及外来的鼓励等因素紧密相连。

那么，学习动机越强，是不是学习效果就越好呢？

2. 维持适中的学习动机

学习动机与学习效率是有区别的，两者并不是一一对应的关系，同样的学习动机可以导致不同的学习效率，不同的学习动机可以取得相同的学习效率。同时，学习动机与学习效率又是紧密联系、互为因果的，学习动机是影响学习效率的重要变量，学习动机制约着学习效率。一般来说，学习动机正确、强烈，指向学习活动本身，则学习效率好，成绩佳。但并不是动机越强效率越佳。

研究表明，若任务难度适中，则中等强度的学习动机易导致最佳的学习效率。（如图4-1）

3. 学习动机的表现

❶ 全部心思都用在学习上，并且坚信：只要勤奋就一定会成功。

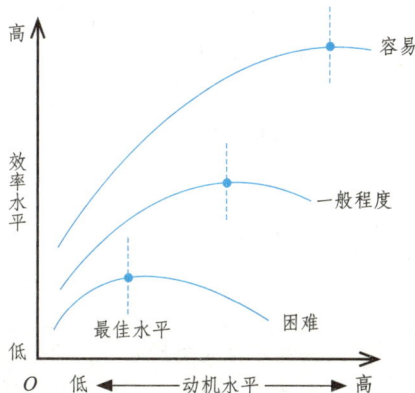

图 4-1　学习动机与学习效率示意图

❷ 看重分数、名次、结果：经常想成为第一名。

❸ 非常想得到老师、同学、亲朋好友的肯定和赞扬。

❹ 对学习与考试时常感到不安，害怕考试失败。

4. 学习动机与目标

有这样三个苹果，第一个，不大，你很容易就能摘到；第二个，大一点，你要跳一下才能摘到的；第三个，最大的，但你怎么跳起来也摘不到，而且周围没有任何工具，你也不能爬树。你会如何选择？

如果把目标比作苹果，我们想要哪个"苹果"呢？

第一种"苹果"会让我们产生错误的感觉，以为学习就这样简单，当遇到难题时会让我们难以应对。

第二种"苹果"，因为摘第二种"苹果"，既付出了努力，又获得了成功，会让我们体会到成功的体验，指引我们向着更大的成功进发。

第三种"苹果"，会让我们产生"习得性无助"。

很明显，我们需要第二种苹果，即选取稍微超出自己现有能力的学习目标。此目标既有达到的可能性，又有未知的挑战性，学习动机的程度最佳，学习表现也会不断进步。例如，这次你考了全班第 20 名，那些你可以将目标定为下次进步 5 名，而非要求考第一；或者这次语文成绩为 75 分，下次争取考到 80 分，而非下次一定考满分。

心理体验

"兴趣是最好的老师"，面对学习，如果我们产生了浓厚的兴趣，那么一定可以事半功倍，在学海中欢乐地遨游。接下来，为了让你更清楚地认识自己的兴趣，请你完成下面不完整的句子。在完成句子时，你最先想到什么就填写什么，不要过多思考。你既可以从正面回答，也可以从反面来回答（最不喜欢的）。

学习兴趣调查：

1. 我的爱好是_____。

2. 我喜欢和别人一起做的事情有_____

_____。

3. 在学校里，我最喜欢的科目是_____。

4. 想放松时，我会_____

_____。

5. 当_____时候，我感觉不错。

兴趣不是天生而来的，而是靠后天的培养。了解自己兴趣的人，会充满激情去做每一件事情，更容易取得成功！很多时候，我们并不是没有兴趣，而是暂时把兴趣弄丢了。

思考：为什么会出现这样的情况？

心理活动

情景剧表演

情景一：小明是一个懒散的学生，最大的爱好是睡懒觉。他从小就没有什么目标和理想，最想要的生活是什么事都不用干又能很好地生活下去。每次考试都在 60 分左右。有一天，他又懒懒地趴在桌子上，同桌告诉他，马上会有一个很好的企业要来招聘实习生，小明有些心动了……

情景二：小华的家庭环境并不好，但是他非常想改变家里的现状，因此他非常努力去学习。每次考试他都追求第一，否则他会有一种自责心理。可是这一天，成绩单发下来了，又没有进步，他再一次失望了……

回答以下问题：你更赞同小明还是小华的做法？说说你们的理由。你会给他们什么建议？

小窍门：

❶ 有时，我们也需要点自我安慰的心理。

❷ 多进行自我的纵向比较，如对于这次考试和上次考试的成绩；少进行与他人的横向比较，减轻过重的心理负担和压力。

注意：积极归因并不代表盲目归因和逃避现实。

明辨是非

观点一：学习差的人只能上职业中学，反正都没希望了，混个毕业证算了。

观点二：我想努力学习，可是实在不是学习的料，我太笨了。

观点三：毕了业也不一定能找到好工作，也赚不了多少钱，还不如直接出去打工更好。

观点四：我不适合这个专业，肯定学不好。早知道应该选别的专业了。

观点五：毕业后家人给我安排工作，现在学不学习都无所谓了。

说出你对以上几个观点的看法。通过分析上面的观点，你获得了哪些启示？你打算怎样对待今后的专业学习呢？

拓展阅读

第十名现象

1989 年，杭州市天长小学老师周武受邀参加一次毕业学生的聚会。当时他暗自吃惊：那些已经担任副教授、经理的学生，在学校时的成绩并不十分出色。相反的，当年那些成绩突出的好学生，成就却平平。这个现象引发周武的好奇，他开始追踪毕业班学生，经过十年、针对 151 位学生的追踪调查，周武发现，学生的成长是一个动态的过程。在这种动态变化中，小学的好学生随着年级升高，出现成绩名次后移的现象：小学时主科成绩在班级前五名，进入中学后名次后移的，占43%；相反地，小学时排在七到十五名的学生，在进入初中、高中后，名次往前移的比率竟占81.2%。于是周武提出所谓"第十名现象"：第十名左右的小学生，有着难以预想的潜能和创造力，让他们未来在事业上崭露头角，出人头地。这里所指的第十名，并非刚刚考第十名的学生，而是指成绩中庸的学生。根据周武解释，这个群体的共同特征是：他们受老师和父母的关注不那么多，学习的自主性更强、兴趣更广泛。至于名列前茅的学生因为得到父母、师长过分关注，过分强化学科成绩，反而扼抑了潜能和学习自主性。日本的松下公司就有一种很特别的择才标准，即"寻求70分人才"。公司创始人松下幸之助认为，人才的雇佣以适用公司的程度为好。程度过高，不见得一定有用，招募过高水准的人是不适宜的。这种选才用才方法，与第十名现象是如出一辙的。

心灵感悟

决心书

为了让学习取得进步，我决心从以下方面做好充分准备：

从学习态度上，我将＿＿＿＿＿＿＿＿＿＿＿＿＿＿＿＿＿＿＿＿＿＿＿＿＿＿＿＿＿。

从学习方法上，我将＿＿＿＿＿＿＿＿＿＿＿＿＿＿＿＿＿＿＿＿＿＿＿＿＿＿＿＿＿。

从学习兴趣上，我将＿＿＿＿＿＿＿＿＿＿＿＿＿＿＿＿＿＿＿＿＿＿＿＿＿＿＿＿＿。

心理实验

从游戏中寻找兴趣

1. 九点连线。

规则：不抬笔，画4条直线把九个点连起来（折笔算两笔）。

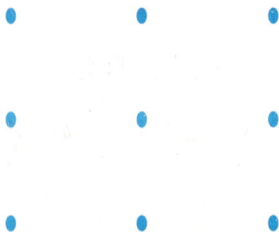

2. 遮棋盘：

　　残缺的国际象棋棋盘，有两个角被切掉了，现只剩下 62 个正方形。假若你有 31 张骨牌，每一张恰好可以遮盖棋盘上两个正方形。你是否能够用几个骨牌把这个棋盘上的所有部分盖住呢？请用几分钟时间试试看。

第 16 课 ▶ 学习方法和策略

　　工欲善其事，必先利其器。

　　　　　　　　　　　　　　——墨子

　　授人以鱼，不如授人以渔。

　　　　　　　　　　　　　　——中国古语

　　从前，有一位老师把两把钝刀分别给了他的两个学生，让他们在天黑前砍一大捆柴，其中一位学生匆匆忙忙接过钝刀立刻上山砍柴，可是辛苦劳碌了一整天也没达到要求；而另一位学生则先去把钝刀磨锋利，再不慌不忙地去砍柴，由于工具称手好使，很快便轻松完成任务。我们的学习也是如此，如果说把学习看成像砍柴一样的任务，那么优化我们的学习方法就是把刀磨锋利的过程。下面，就让我们一起来将手中的"钝刀"磨得更锋利些吧！

考试名次重要吗?

张晓敏，是某职业中学设计班的学生。她在初中拥有非常傲人的成绩，所有人都说她考上重点中学没有任何问题，但由于临场发挥失误，她与普通高中失之交臂，进入职中。入校后她并不甘心，毫不懈怠，加倍努力地学习。高一期中考试，考了班上第五名，觉得以自己以前的能力应该能考第一名。谁想到，期末考试竟然比上一次还下跌了好几名，面对越考越差的成绩，她油然而生一份深深的挫败感，曾经的自信心烟消云散，觉得自己脑子太笨了，不是学习的料，期中考试后的加班加点换来的结果却是这样，她真的无法接受，感觉自己整天精神恍惚，都快要崩溃了。她找到心理老师进行求助，该怎么帮助她呢?

一、制订学习计划

1. 学习目标

近期目标和远期目标。目标要适当、明确、具体。

2. 学习内容

学习科目；学习手段——预习、复习、书面作业、口头作业等。

3. 时间安排

（1）全面

在安排时间时，既要考虑学习，也要考虑休息和娱乐，既要考虑课内学习，还要考虑课外学习，还要考虑不同学科的时间搭配。

（2）合理

要找出每天学习的最佳时间，如有的同学早晨头脑清醒，最适合于记忆和思考；有的则晚上学习效果更好，要在最佳时间里完成较重要的学习任务，此外注意各科目交叉安排，如复习一会儿文化课，做几道数学题，然后再复习专业课程等。

（3）高效

要根据事情的轻重缓急来安排时间，一般来说，把重要的或困难的学习任务放在前面来完成，因为这时候精力充沛，思维活跃，而把比较容易的放稍后去做。此外，较小的任务可以放在零星时间去完成，以充分做到见缝插针。

制订学习计划表，可以是一天的计划，也可以是一周、一个月的计划，将表格贴在书桌附近醒目的位置，每天监督自己按照计划执行，如果执行顺利，则可以给予奖励；如果未完成计划，则需检讨原因，并给自己点小惩罚。

周学习计划表（7天）

日期	今日目标	需做工作	时间安排	成果检验	未完成原因	奖惩措施
周一						

日期	今日目标	需做工作	时间安排	成果检验	未完成原因	奖惩措施
周二						
周三						
……						

二、掌握学习方法

1. 增强记忆力

秘籍一：记忆的元气与一天时间的关系。

从早上开始，记忆的元气都在不断地增加，一直到上午十点半达到高峰，这时候的记忆可以接受最多的东西。然后记忆的元气开始下降，一直到晚上降至最低点。

掌握最佳记忆时间：上午 9~11 时，下午 3~4 时，晚上 7~10 时，为最佳记忆时间。

秘籍二：复述。

只看过一次的东西基本上都会把它们扔掉。如果你想记住某一样东西，你要告诉感觉要记忆哪一个，然后让它多看几次，当它觉得足够多的时候，它会把那样东西留下来，转送给短时记忆。

复述有两种：机械复述和精细复述。

比一比，哪种复述更好？

答案：精细复述。

在背诵英语单词或者语文课文时，简单机械地一遍遍复述可能无法使你快速记忆，即使当时背下来了也会很快遗忘，你应该尝试精细复述，将英语单词整理成有关联、有意义的组合，或在背诵语文课文时将自己的心绪也投入文中的场景内。

科学家曾经报道了一个叫 BF 的个案，他可以回忆 80 个数字。后来进一步的研究发现，BF 原来是一名长跑运动员，因此他将那些随机数字组成各种长跑所需要的时间，例如 3、4、9、2，他记为 3 分 49 秒 2。

心理知识

增强我们记忆力的食物

❶ 菠萝

菠萝含有很多维生素 C 和微量元素锰，而且热量少，常吃有生津、提神的作用，有人称它是能够提高人记忆力的水果。菠萝常是一些音乐家、歌星和演员最喜欢的水果，因为他们要背诵大量的乐谱、歌词和台词。

❷ 鱼类

它们可以向大脑提供优质蛋白质和钙，淡水鱼所含的脂肪酸多为不饱和脂肪酸，不会引起血管硬化，对脑动脉血管无危害，相反，还能保护脑血管、对大脑细胞活动有促进作用。

❸ 牛奶

牛奶是一种近乎完美的营养品。它富含蛋白质、钙及大脑所必需的氨基酸。牛奶中的钙最易被人吸收，是脑代谢不可缺少的重要物质。此外，它还含对神经细胞十分有益的维生素 B1 等元素。如果用脑过度而失眠时，睡前一杯热牛奶有助入睡。

❹ 花生

花生富含卵磷脂和脑磷脂，它是神经系统所需要的重要物质，能延缓脑功能衰退，抑制血小板凝集，防止脑血栓形成。实验证实，常食花生可改善血液循环、增强记忆、延缓衰老，是名副其实的"长生果"。

2. 学会做笔记

（1）学会速记

"好记性不如烂笔头"。研究表明，对于同一段学习材料，做笔记的学生比不做笔记的学生成绩提高二倍。别再让自己听课时左耳进右耳出，浪费时间和精力。伴随老师讲课的速度，练习速记的能力，既能够不影响听课进度，又可以记下重要知识点。

（2）有效复习笔记

做笔记包括两个步骤：记下讲演中的信息，然后理解所记的信息，停留在第一步并不是一种有用的策略。做完笔记不要忘记经常复习、补充、完善自己的笔记。

在复习笔记时，要联系课本，积极思考笔记中的观点，遇到有疑问的地方，一定做出明显标注，比如红色的问号，课后向老师或其他同学进行请教。内容的重点，用横线加重画出。将本课的内容和其他所学的信息进行联系，可以相互标注上页码，在复习的时候，方便查找。如果错过了一次课，也不妨及时地借阅他人的笔记，有研究表明，看别人的笔记，你也能从中受益。在借阅他人笔记的时候，最好亲自动手抄下来，而不是去进行复印，这样，在参考与记录的过程中，你其实已经将其中的内容复习一遍了。

心理测验

测测你的学习方法

每个问题有三个可供选择的答案：是、不一定、否。请把相应的答案写在题目后面。

1. 学习除了书本还是书本吗？
2. 你对书本的观点、内容从来不加怀疑和批评吗？
3. 除了小说等一些有趣的书外，你对其他理论书根本不看吗？

4. 你读书从来不做任何笔记吗？

5. 除了学会运用公式定理，你还知道它们是如何推导的吗？

6. 你认为课堂上的基础知识没啥好学，只有看高深的大部头著作才过瘾吗？

7. 你能够经常使用各种工具书吗？

8. 上课或自学你都能聚精会神吗？

9. 你能够见缝插针，利用点滴时间学习吗？

10. 你常找同学争论学习上的问题吗？

记分方式

第 1、2、3、4、6 题回答"否"表示正确，其他问题回答"是"表示正确。正确的给 10 分，错误的不给分。回答"不一定"的题目都给 5 分。最后计算总分。

总分 85 分以上，学习方法很好。

总分 65～80 分，学习方法好。

总分 45～60 分，学习方法一般。

总分 44 分以下，学习方法较差。

3. 训练自控能力

"我今年上高一，刚开学前两个月时学习积极性还挺高。但后来，尤其临期末的一个半月到现在，越来越学不进去了，自控力极差。坐在书桌前，翻开课本没多久就开始开小差，学习效率基本为零。经常一道题还没写完就手痒痒地拿起游戏机打游戏，本来只想玩一会儿，结果总是越玩越上瘾，忘记了时间，结果一晚上作业没完成。第二天告诉自己今天一定要认真学习，不玩游戏，但结果还是重复前晚的状态……我很想好好看书，但真的控制不了自己……"

许多学生都存在这样的苦恼，自己并不是不知道学习的重要性，也并不是学不会，只是总控制不住自己偷懒的念头，学习的注意力总无法集中，要克服这个问题，需要长时间训练自己，从认知上改变行为。

心理活动

自我监控能力训练

活动构思：在平时，很多同学尝试去改变但难有成效，因为他们长期把快乐与看电视、上网等连接在一起，把学习与痛苦连在一起，于是一想到要改变，就觉得很痛苦，以致改变失败。所以，如果要改变拖延行为，就必须把痛苦与拖延行为连接起来，而把所希望的新行为和快乐连在一起。

（1）请同学们诚恳地回答下列问题

❶ 你在面对学习任务时，是否有拖延习惯？

❷ 拖延这种坏习惯给你带来了哪些烦恼？

❸ 如果你仍然没有改变，你会因此付出哪些代价？会给关心你的人带来哪些影响？请详细描述你看起来会怎么样？情绪怎么样？

❹ 如果你成功改变，你将会得到什么样的回报？会给关心你的人带来多大的好处？请详细描述你看起来会怎么样？情绪怎么样？

请第一小题回答否的同学回答下面的问题：因为你没有拖延学习的行为，考试时你将会得到什么样的回报？会给关心你的人带来多大的好处？请详细描述你看起来会怎么样？情绪怎么样？

（2）想象活动

请想象自己不去改变拖延行为或如果有拖延行为的难堪情境，让你懊恼、自责、内疚的情境，想得越痛苦越好。

请再想象自己改变了拖延行为后的快乐情境，想得越快乐越好。（没有拖延行为的同学可想象考试得到回报的快乐情境）

分享：通过两次情境想象，现在你们内心里有怎样的想法？

4. 有效复习

德国心理学家艾宾浩斯研究发现，遗忘在学习之后立即开始，而且遗忘的进程并不是均匀的。最初遗忘速度很快，以后逐渐缓慢。下图即是著名的艾宾浩斯遗忘曲线，纵轴为记忆的数量（百分数），横轴为记忆后的时间间隔（天数）（如图 4-2）。由此可见，复习越及时，记住的内容就越多。"温故而知新"，只有不断地对所学内容进行复习，才能够真正将知识内化，成为自己的。

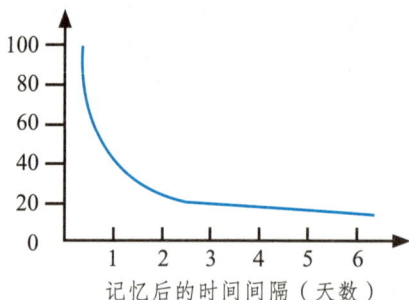

时间间隔	记忆量
刚刚记忆完毕	100%
20分钟后	58.2%
1小时后	44.2%
8～9小时后	35.8%
1天后	33.7%
2天后	27.8%
6天后	21.1%

图 4-2 艾宾浩斯遗忘曲线

那么，除了及时复习之外，进行有效的复习还有哪些方法？

（1）上好复习课

在复习课上认真参与，必须开动脑筋与老师一起总结归纳知识规律，进行有目的的练习。在复习课中，老师必定和大家一起回顾每类知识的重难点，都是学习内容的精华所在，对前面学过的知识进行浓缩梳理，因此千万不能错过任何一节复习课，不应在复习课上开小差出现走神的现象。

（2）敢于提问

如果感到自己哪方面的知识不过关，有疑问的一定要提出来，问同学、问老师、问家长，弄懂以后还要多练习两次。只有这样，才能及时有效地弥补自己的知识漏洞。

（3）认真完成作业

复习期间，老师会根据知识的重难点，有机布置作业，有目的地练习巩固。因此，必须按老师要求，认认真真地做好作业，只有这样复习才能达到事半功倍的效果。

（4）自我复习

每个同学的知识水平都不一样，每个同学都有与别人不同的知识优势和知识缺陷，因此就要我们有清醒的头脑，对自己的知识结构进行认真的分析，找出自己知识上的落后环节，自己制订计划，有选择地进行自我复习。

拓展阅读

你会速记吗?

以下列举几种常用的速记符号:

大于或等于	$\geqslant$	有关	@
等于、意味着	$=$	替换为	$\curvearrowright$
不等于	$\neq$	但是	$\parallel$
或等于	$\approx$	空洞	$\bigcirc$
错误、否、不、否定	$\times$	代表	$\triangle$
正确、对、好、肯定	$\surd$	胜利	V
上升、增加	$\uparrow$	和、与	&
下降、减少	$\downarrow$	不同意	N
因为	$\because$	同意	Y
所以	$\therefore$	Cf（compare）	
属于	$\in$	Co（company）	
平行	$\parallel$	eg（for example）	
结论是	$\Rightarrow$	etc（and so on）	
优秀	★	esp（especially）	
问题、疑问	?	ie（that is）	
原因	$\leftarrow$	max（maximum）	
导致、结果	$\rightarrow$	min（minimum）	
对立、冲突	$\asymp$	ref（reference）	
非常、十分重要	**	std（standard）	
坚持	$\equiv$	usu（usually）	

用速记记笔记要注意:

❶ 在笔记遗漏时，要保持平静。

❷ 课后要及时检查笔记。

❸ 做完笔记后，在空白处用词和句子简要总结笔记。

掌握更多的学习方法

1. 五官并用以集中注意力

一个懂游泳的人不会在冬季忘记怎样游泳，谁也不会因为缺乏练习而忘记如何骑自行车。因为经过我们手脚协调而学会的技能不易忘记，最多只会生疏而已。

研究表明，单一感觉通道（如只是看课本）比多感觉通道（如边看边读出声）的记忆程度低，记忆速度慢。边看、边听、边读、边写、边思考，这样学习所掌握的知识能够更深刻而持久地印刻在脑海中。

因此，根据学习者对不同感觉通道的偏爱进行学习，效果更佳。

视觉型

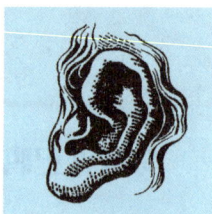
听觉型

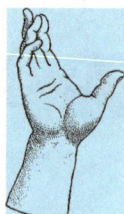
动觉型

了解自己属于哪种类型感觉通道，了解优势和劣势，扬长避短，提高学习效率。

类型		表现	扬长避短
视觉型	优势	善于于快速阅读，书面考试成绩好	坚持记笔记，坚持听录音，训练听觉材料
	优势	接受语言指导差	
听觉型	优势	语言信息接收效果好，口头表达能力强	多记笔记，练习、加大课外阅读量
	优势	完成书面作业和抄写有困难	
动觉型	优势	运动节奏感好、动手能力强	多看电视电影多练习听力，加强书面阅读、练习朗诵播音等
	优势	书面成绩差，通过运动操作接收信息	

2. 循环递进以强化中间知识

在记忆一段材料的时候，最前面和最后面的材料最容易记住，中间的记忆效果相对较弱。

3. 展开联想以加深理解

4. 分段记忆逐个击破

在记忆大篇幅的材料时，我们可以对材料进行分批成段的记忆。这样，每一个段落都会有相应的开头和结尾，从而人为地制造了增进记忆的条件。

5. 建错题本

用本子将以往做错的题目分科目记录下来，按题目类型分门别类，经常翻阅，加深记忆。避免一错再错，提高复习效率。

心灵感悟

分享我的学习方法

我的学习时间一般在（上午/中午/下午/晚上/凌晨），为时＿＿＿＿＿＿＿＿＿＿＿
（分钟/小时）。

在学习＿＿＿＿＿＿＿（科目）的时候，我认为比较好的方法是＿＿＿＿＿＿＿＿＿＿＿。

为了让记忆、背诵内容更持久，我会＿＿＿＿＿＿＿＿＿＿＿＿＿＿＿＿＿＿＿＿＿＿
＿＿＿＿＿＿＿＿＿＿＿＿＿＿＿＿＿＿＿＿＿＿＿＿＿＿＿＿＿＿＿＿＿＿＿＿＿＿＿。

我曾用过这样的方法＿＿＿＿＿＿＿＿＿＿＿＿＿＿＿＿＿＿＿＿＿＿＿＿＿＿＿＿＿，
但它的不足是＿＿＿＿＿＿＿＿＿＿＿＿＿＿＿＿＿＿＿＿＿＿＿＿＿＿＿＿＿＿＿＿＿。

听完本课后，我会尝试＿＿＿＿＿＿＿＿＿＿＿＿＿＿＿＿＿＿＿＿＿＿＿＿＿＿＿＿
＿＿＿＿＿＿＿＿＿＿＿＿＿＿＿＿＿＿＿＿＿＿＿＿＿＿＿＿＿＿＿＿＿＿＿＿＿＿＿。

心理实验

证人的记忆

证人，在我们的认识里，通常都是提供一些客观的证据的人，就是把自己亲眼看到、亲耳听到的东西如实地讲出来的人。然而，心理学研究证明，很多证人提供的证词都不太准确，或者说是具有个人倾向性，带着个人的观点和意识。证人对他们的证词的信心并不能决定他们证词的准确性，这一研究结果令人感到惊讶。心理学家珀费可特和豪林斯决定对这一结论进行更深入的研究。为了考察证人的证词是否有特别的东西，他们将证人的记忆与对一般知识的记忆进行了比较。

他们让被试看一个简短的录像，是关于一个女孩被绑架的案件。第二天，让被试回答一些有关录像里内容的问题，并要求他们说出对自己回答的信心程度，然后做再认记忆测验。接下来，使用同样的方法，内容是从百科全书和通俗读物中选出的一般知识问题。

和以前发生的一样，珀费可特和豪林斯也发现，在证人回忆的精确性上，那些对自己的回答信心十足的人实际上并不比那些没信心的人更高明，但对于一般知识来说，情况就不是这样，信心高的人回忆成绩比信心不足的人好得多。

人们对于自己在一般知识上的优势与弱势有自知之明。因此，倾向于修改他们对于信心量表的测验结果。一般知识是一个数据库，在个体之间是共享的，它有公认的正确答案，被试可以自己去衡量。例如，人们会知道自己在体育问题上是否比别人更好或更差一点。但是，目击的事件不受这种自知之明的影响。例如，从总体上讲，他们不大可能知道自己比别人在记忆事件中的参与者头发颜色方面更好或更差。

第 **17** 课 ▷ 应对学习中的压力

> 有压力才会有动力，有动力才能坚持进步。
>
> ——雷锋
>
> 生活就像海洋，只有意志坚强的人，才能到达彼岸。
>
> ——马克思

学习是青少年阶段最重要的任务，然而日益残酷的竞争压力，社会对人才产生越来越高的要求，让怀揣梦想的学子们渐渐产生了压力。中职学生面对的不仅是学习知识的压力，还要面临学习技术技能的压力。面对这种种挑战，他们迷茫、彷徨、不知所措，甚至产生厌倦心理。每当遇到重要的考试或者进行工作面试前，如何迎接挑战，乘风破浪呢？

心理故事

紧张的杨阳

杨阳是职业学校商务英语专业的学生，平时学习努力刻苦，认真完成老师布置的各项任务，但成绩却一直没有起色。这学期有一个专业资格证的考试，对学业和今后的工作非常关键。考试开始了，她一接到几大张试卷，顿时慌了手脚，总担心题目做不完，于是匆忙作答。许多会做的题，也答错了；看似熟悉的题目，总想不起正确答案，只能先放着做下面的题目。当做不下去时，又疑窦丛生，浪费了许多时间。就这样，短短一个半小时的考试结束了，杨阳非常难过和沮丧，手心里全是汗水。在规定的时间里，她没有做完考卷。"看来这次肯定考不过了，哎，又白努力了。"

分析：在上面的心理故事中，杨阳并不是没有良好的态度和刻苦的行为，但紧张的情绪却是她最大的问题。

在了解何为焦虑、消沉的基础上，陈述产生焦虑等不良心态的"元凶"，进而总结出导致不良应考心态的种种原因：

❶ 自我期待太高；

❷ 对考试结果的超前担忧；

❸ 被过去考试失败的经历所困扰；

❹ 用脑不科学，事倍功半；

❺ 过度紧张身体、生理等外在因素；

❻ 考试态度、动机不正确。

通过对焦虑曲线图（如图 4-3 所示）的分析，探讨焦虑与效率的关系。

我们得出结论：过高或过低的焦虑都不可取，但适度焦虑可以让效率更高，所以我们要学会直面紧张和焦虑。

那么，有哪些解决过度焦虑、紧张的情绪的方法呢？

（1）学会自我减压训练——优化情绪

当压力过高，影响到自己的学习效率时，就要学会自我减压。

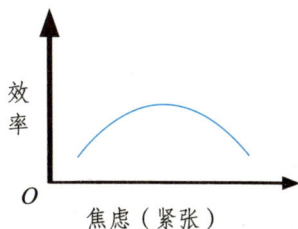

图 4-3　焦虑曲线图

方法一	自我宣泄——考生可以将自己的郁闷心情、紧张情绪向家人、朋友、老师倾诉，或者可以采用跑步、大哭等方式来尽量宣泄自己的情绪
方法二	学会深呼吸——考生可以坐着或者躺着，首先要缓慢地吸气，然后停住几秒，再吐气，这样多反复 3 次或以上
方法三	按摩内关穴——考生可以用右手的大拇指顺时针按摩左手的内关穴，每回 36 次，能起到调节情绪的功能
方法四	全身肌肉放松法——闭上眼睛，心里默念身体需要放松的部位，同时用心去感受放松的感觉
方法五	积极想象——可以尽量回想自己曾经成功的时候，还可以伴随舒缓的音乐想象明朗舒适的环境

（2）学会积极自我暗示——增强信心

考生应当学会积极自我暗示："我能行！有什么了不起，不过如此而已！""我相信自己！那些考题已经重复很多遍了，再大的困难也不放弃，能挺过去！""不管考得怎样，我尽了最大的努力就无怨无悔了！"

心理知识

高原现象

在技能学习中，你可能遇到过这样的情况：刚开始进步较快，但是接下来无论你怎么努力，都没有进步，甚至会倒退。此时，你可能遇到了学习中的高原现象。"高原现象"一词源于教育心理学中动作技能的学习曲线。心理学家布瑞安在 1897 年最早用试验方法证明出它的存在。如图 4-4 所示，开始进步快，曲线中间有一个明显的或长或短的进步停顿期，后期仍然有所进步。中间的停顿期叫高原期或高原现象。其实高原现象是一种正常的现象，并不意味着技能的联系到了极限，走出高原现象后练习成绩还会提高。

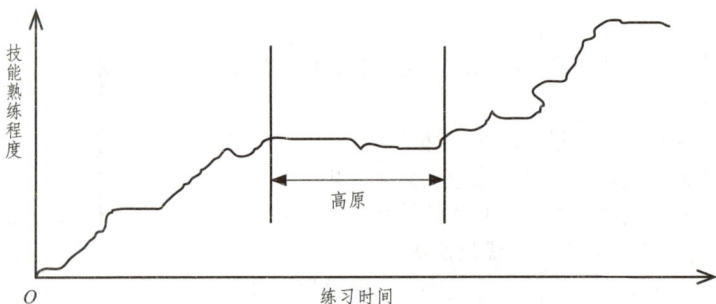

图 4-4 动作技能曲线示意图

学会缓解紧张情绪

考试和面试对我们来说属于一种紧张性刺激，容易引起一定的焦虑反映，产生一定的心理压力，这是正常现象，但是过度的焦虑不仅会危害我们的认知过程，影响正常水平的发挥，而且还会损害身心健康。

针对有些同学考前用脑不科学，事半功倍因而导致焦虑的情况提出参考对策——考前或者面试前两周做好两件事：

（1）适当参加自己喜欢的文体活动。

（2）强迫自己养成规律的作息。

临考前或者面试前紧张，心跳加速怎么办？

先体验面临考试之前紧张的感觉，闭上双眼，集中精力，充分想象自己正坐在考场里，监考老师发下试卷，周围没有人说话，只有沙沙沙翻阅试卷的声音。再过一分钟，正式开始考试的铃声就要响起。这门学科的成绩对你来说非常重要，但你又不是很擅长它。或者充分想象正在进行面试的下一个就是你，面试室内坐着的是严格的考官们，他们将决定你之后的命运，你并不知道他们会问什么问题，然而你又非常想获得这个工作机会。慢慢地，你开始心跳加速，情绪紧张，手脚冰凉出汗，总是在想："万一没有考好就糟糕了。""万一回答不出考官问题就糟糕了。"

让我们一起"吐故纳新"。方法指导：进行腹式呼吸，首先放松腹部，右手轻轻触及；接着用鼻子平稳地深深吸气，此时指尖可感觉到腹部鼓起，直到整个肺部充满

了空气；让空气在肺部停顿 3 秒钟，再用嘴慢慢呼气。连续三次腹式呼吸能够使人在一张一弛之中，使积压在内心深处的紧张，压抑都吐出来，轻松上阵。

考试时遇到以下问题，我该怎么办？

问 1：其实自己很努力了，但看到别的同学都在拼，总是担心自己会落后，怎么办？

答：有些学生会觉得"别人都那么努力了，如果我不抓紧学习就会比别人落后"，所以会连续学习很长时间。这里存在一个误区：时间等于效率（即学习时间越长效率就越高）。有这样一个定律——"8-1>8"，意思是：如果一天学习八个小时，其中拿出一个小时的时间休息、运动和娱乐，那么吸收的知识量会大于 8 小时纯粹的学习所获得的知识量。另外，只要自己努力了，学习效率高，根本不用去担心比别人落后。

问 2：进入复习"高原期"，注意力不集中，怎么办？

答：进入复习"高原期"后，成绩遇到瓶颈是很正常的现象。注意力不集中的学生不妨试着做一个练习：在每次做作业前花 3~5 分钟让自己进入学习状态，比如整理文具，这个仪式在提醒自己"我要开始进入学习的状态了。"根据高原期曲线，一定要相信自己，只要坚持下去总有一天会提高的。

问 3：重要的考试来临前，总担心考试时发生意外，怎么办？

答：考前心情焦虑也是再正常不过的现象了，很多同学焦虑是很担心考试时会发生意外，比如万一考试那天发挥失常怎么办？身体不舒服，感冒了怎么办？……其实考生能够预设考试时将要发生的意外，是一个很好的现象，因为可以未雨绸缪，有些考生没有焦虑反而考砸了。把自己焦虑的事情列成清单，担心什么就把它列出来，每一条"担心"列出来的时候，就在一旁写上预防和解决的办法，这样就心中有底了，焦虑的情绪就会逐渐得到缓解。

问 4：为何我答题时总是患得患失？

答：在平时的作业或考试中，就要开始训练自己的题感，在规定的时间把题目做完，检查正确率。考前对每一科都做好答题总结，比如在多长时间内能做完，正确率是多少等，这样心里有底了，就不会患得患失了。

问 5：怎样做才能保证考前一晚不失眠？

答：考前睡不着是极为正常的现象，年轻人偶尔熬夜都没关系，但是要注意，考前一两个星期就要开始调整自己的生物钟了，比如考试那天 8 点要考试，为了保证良好的状态，可能前一天晚上要提早点上床睡觉，这是在考前一两个星期前需要做的事情，而不是到考前那一天才早点睡。

考前即使睡不着也没关系，你只要放松地躺在床上，想象一些让你舒服的东西，这其实也是在休息。可以这样暗示自己，"我放松了，好舒服啊，我的身体很柔软啊……"甚至单纯地想着"睡觉"或者"困"字，这样就会慢慢进入睡觉状态。

问 6：考前拉肚子或身体不适怎么办？

答：身体不适如果比较严重的话，一定要去看医生；如果不是那么严重，其实也有助于考试的发挥。有研究显示，低烧的状态会发挥得很好，所以如果身体稍有不舒服，千万别担心影响考试发挥。

问7：我怎么一进考场就紧张？

答：可以通过转移注意力的方法缓解紧张情绪。比如观察监考老师，观察身边的同学。如果认识的同学在同一个考场，可以互相拥抱一下，互相加油打气，拍拍肩膀，跟别人打一声招呼等。也可以通过按摩的方法缓解紧张，就像洗脸一样，按摩自己的脸庞，拍拍手臂，拍拍身体等。

问8：考试时头脑一片空白怎么办？

答：这是正常的现象，也是因为太紧张所致。就像一根橡皮筋，绷得太紧了，再一紧就断了，所以就会出现大脑一片空白。这时候，稍微停一下，什么都不想，深呼吸，也许大脑就能重新接通了。如果深呼吸以后还是一片空白，可以再去读题目的条件，用左手指向题目，这样就可以调动右脑的资源，右脑会帮助审题，左脑让我们关注细节。如果还是不行，就只能把这道题先放着，做后面的题。

心理活动

传递公仔

第一步：要求一组同学（10~20人）以自己认为最快的速度依次往后传毛公仔。记录时间。

第二步：给这组同学以一定压力（其他同学快速鼓掌，或者不断地喊"快点，快点！"制造急促气氛，或者老师说掌声停止毛公仔在谁手中就让谁表演节目），再要求他们依次传递毛公仔。记录时间。

思考：鼓掌前后两次传递公仔的时间哪个更长，为什么会产生这样的情况？鼓掌前后的心情和动作发生了什么变化？有哪些体验和感受？

讨论：适度焦虑（紧张）对效率提升的重要作用。

拓展阅读

羿射不中

夏王指着一块一尺见方、靶心直径约一寸的兽皮箭靶对神箭手后羿说："请射吧！如果射中了，就送给你万金作为奖赏；如果射不中，就收回你的千户封邑。"羿听了夏王的话，脸色变化不定，气息急促难平，神情十分紧张。于是弯弓射去，没有射中，第二箭再射，又落了空。夏王问傅弥仁："这个后羿，从来都是百发百中，而我今天和他约了一个赏罚条件后怎么就射不中了呢？"傅弥仁回答道："他之所以这样，是因为情绪波动影响了他的射技，万金厚赏造成了他的心理包袱。人如果能做到不计较得失，把赏罚置之度外，那么天下之人的射箭本领都不会比后羿差了。"

神箭手后羿为何会射不中？他为什么会紧张？情绪波动（紧张）导致不中，过多考虑与射箭本身无关的问题导致紧张。

心灵感悟

1. 你在什么情况下会感到学习有压力？

2. 就某一基础文化课或专业课的学习压力，做一个详细的自我分析并写下来。

心理实验

你能应对紧张吗？

假设以下情景，回答并体验：

A. 你会说话吗？

B. 在路上碰到你的熟人和同学，你会很自然地和他打招呼么？

C. 现在要求你当着所有老师和同学的面深情地朗读一首情感丰富的诗歌，你能很自如地做到么？

D. 你可以在一千甚至更多人面前自如地演讲么？

从 A 到 D，你的紧张程度会不断增加，尝试想象一下每一种情景，伴随渐进式放松训练，让自己即使在 D 或者更高层状况中，也能轻松应对。

第 18 课 ▶ 终身学习

活到老，学到老。

——梭伦

吾生也有涯，而知也无涯。

——庄子

　　学无止境，成功需要终身学习。据测算，1950 年人类科技知识翻一番大约需要 50 年，而 2000 年仅需要 5 年左右的时间，预计到 2030 年大约需要 60~80 天。面对这样日新月异、迅速发展的社会，从学校毕业后的我们是不是可以安心地放下课本，停止学习了呢？

　　终身学习是一个不断发展的概念，目前对终身学习最权威、最被广泛接受的解释是欧洲终身学习促进会于 1994 年 11 月举行的"首届世界终身学习会议"所采纳的概念："终身学习是通过一个不断的支持过程来发挥人类的潜能，它激励并使人们有权利去获得他们终身所需的全部知识、价值、技能与理解，并在任何任务、情况和环境中有信心、有创造性和愉快地应用它们。"

心理故事

有证书不等于有技能

　　"我现在都有点怕去面试了。"李正是某职校的应届毕业生，昨天他垂头丧气地告诉老师，几次面试经历让他对自己在学校里取得的优秀成绩产生了怀疑。在校期间，他的各门成绩都很优秀，取得各种职业资格证。校园招聘会开始后不久，他就接到了一家化工公司的面试通知。走进公司的实验室，他就看到操作台上放着的一台机器。"这是台色谱仪，学校实验室也有。但是当负责面试的工作人员让我去操作这台机器时，我的手却开始发抖。这个机器很贵，在学校实验室也就几台，我们在学校也只是看着老师操作过，自己根本没有动手的机会。"结果，李正没有被公司录用，他感到非常沮丧，自信心被打击得毫无踪影。

技能是练出来的

　　张宏是商贸英语专业的学生，他抱着试试看的心态，参加了学校技能竞赛的初次选拔，没想到，他竟在比赛中脱颖而出，成为全国技能大赛的种子选手。之后的好几个月，张宏在老师的指导下，没日没夜，废寝忘食地进行训练。终于，他在全国职业院校英语技能大赛上获得一等奖的好成绩，为学校，更为自己争得了最高的荣誉。当成绩宣布的那一刻，一米八的男子汉流下了激动的泪水。大家都不知道的是，曾经的张宏，不敢在众人面前开口说英语，他害怕别人笑话他带着乡音的口音；曾经的张宏，甚至不敢与人正视交谈，源于他内心作为一个农村娃深深的自卑。

　　张宏的成功，是他靠着勇气，用辛勤、汗水和苦练换来的。没有人生来就是天才，每个成功的人都是要百分之九十九的汗水和百分之一的智慧造就出来的。有人说，技能和信心加在一起便是一支能打硬仗的军队。如果这支军队又经过实践的考验，那么这支军队肯定是一支所向披靡的军队！把握一切实践机会，让自己更快更强地成长。

一、在实践中学习技能

"身有技能，好就业。"中职生的能力特色就是"动手能力强，技能强，一专多能。"但是一旦在某些基础技能方面出现问题，马上就会引起用人单位的质疑。因此你一定要强化技能。但是**娴熟的技能从哪里来？一般来讲，可以通过校内实训课或者校外实训周（月）进行。校内实训课有老师直接指导，能够帮助你熟悉操作流程，形成规范动作，培养高校的专业实践能力；校外实训周（月）是学校通过与相关企业的合作，将学生集中送入各企业进行实训和见习，一般为时一周到一个月。**校外实训的时间紧凑，工作量密集，是学校通往社会的第一个窗口，可以让学生在完全真实的环境下进行实践操作，从而迅速提高知识技能水平，也检验自己与此职业的匹配程度，达到良好的自我认知。因此，你一定要珍惜在真实场景中的练习机会，使专业技能日臻熟练，为将来就业打好基础。

除了在学校的学习和实训，校外的兼职活动也是锻炼自己的重要途径。在选择兼职时，除了要对兼职企业进行充分的调查、了解和认识外，更重要的是考量这份工作与自己所学专业的相关程度。你的所学专业是平面设计，那么就去参加一些设计、广告类的兼职，此时如果你选择了餐厅服务生就意义不大了。

二、继续学习的途径

从职中毕业后，一些学生踏入了工作岗位，还有一些学生期盼升入更高等的学府继续求学，却不知道从何入手。下面，就介绍一些途径，让自己的目标更清晰。

1. 继续学习与学历提高

（1）继续学习的方式和目的：

❶ 自学——针对性强，学以致用；

❷ 短期培训班——迅速提高知识和技能水平；

❸ 升学——提高学历。

（2）继续深造，提高学历：

❶ 业余学习：自学考试，成人高考；

❷ 全日制学习：考大专——专升本。

2. 取得高一级学历的途径

（1）**高职班**：参加高职高考，与普通高考同日，考语文、数学、英语三科，之后填报志愿进入大专院校学习。

（2）**自主招生**：某些大专院校招生的途径之一是到职业中学进行自主招生考试，与高职班考生考入大专的效果等同。

（3）**自学考试**：报考大学中的自考专业，通过完成规定科目的学习和考试，取得专科学历证书。

心理知识

取得专科学历后怎么办

佳玲职中毕业后顺利升入某高职院校进行学习，马上要毕业了，看到同班同学有的出国留学，有的找到工作，佳玲也想通过努力完成一直以来的梦想：继续深造，获得更高的学历。可是，她要怎么做呢？老师告诉了她两种方法：

1. 成人高考：专科起点升本科

专升本：一般为每年3月份报名，4月份考试。

文科类：英语、计算机、综合文科；加试科目根据报考专业定。

理科类：英语、计算机、高数；加试科目根据报考专业定。

2. 直接考研

高职（专科）毕业生在工作2年以上后可以报考研究生。国家考研政策规定：国家承认学历的专科毕业生报考硕士研究生，须毕业两年或两年以上，并达到大学本科毕业生同等学力。

三、善于学习，努力学习

1. 学习越早开始越好

趁早学习，学习得越早，获得的新知会越多，也不会闭塞，就如韩愈所说："书山有路勤为径，学海无涯苦作舟。"岳飞在《满江红》里说"莫等闲，白了少年头，空悲切。"别等到白了头，才后悔自己当初的懒惰和无为。所以，我们必须从现在开始每天注意自己的知识积累。不光学习一些基本的理论知识，还要不断学习专业的相关知识，更新技能水平。根据研究，人的记忆力和学习力的黄金阶段是25岁以前，因此更应该珍惜在学校的学习时光，珍惜点点滴滴。

2. 拓宽学习范围

不光学习本专业的知识，还要不断涉猎其他学科的知识，努力让自己成为一个通才。实习和工作后可能会发现，很多知识都不是所学专业所涉及的，而是需要各方面知识的融会贯通，此时，你需要进行"充电"，补充自我，完善自我。当你学习的范围越广，认识的事物越多，你的视野和能力就会越开阔，做起基本工作时必定得心应手。

3. 勇于接受挑战

麦当劳第二代掌门人雷克最信奉的座右铭是：世上没有任何事能取代"挑战"；"才能"不能，因为有太多有才能的人并未成功；"天才"不能，因为被埋没的天才屡见不鲜；"教育"不能，因为多的是受过高等教育的蠢材；只有"坚韧"和"挑战"是无敌的。超越自我才能赢得一切！

无论在实习阶段还是工作阶段，面对以后漫长的人生道路，最终你都要学会独自面对新的环境新的挑战。当你战胜挑战的那一刻，实际你是战胜了自我，让自己的知识和能力更上一层楼。可现实中，许多同学惧怕改变，惧怕挑战，最根本的原因是害怕失败，害怕面对失望。可是，人生就是在一次次失败后获得成功的。不断学习，终身学习，积累丰富的经验教训，在跌倒中站起来，开创属于自己的未来！

心理体验

看漫画，编故事

题目：这是给我戴的吗？

背景介绍：目前，联合国重新定义新世纪文盲标准。第一类，不能读书识字的人；第二类，不能识别现代社会符号（即地图、曲线图等）的人；第三类，不能使用计算机进行学习、交流和管理的人。

要求：根据漫画及介绍，编写一个心理故事，并排练成心理小品。

心理活动

我的实践活动

结合所学专业，开展一次实践活动调查，充分了解和体验实践活动。

初步计划：以小组为单位，确定调查目标、时间、对象和方式，评估可行性。

准备阶段：联系相关企业和单位，建立良好信任关系。根据调查形式准备工具或设备，调查形式可多种多样，如问卷调查、视频采访、拍摄照片等。

实施阶段：按计划进行。在实施过程中根据实际情况进行调整。

总结阶段：汇总调查材料，进行统一汇报。通过场景模拟，让其他同学交流彼此不同的感受。写出总结报告，深入思考此次活动给自己带来的收获。

选择优秀的调查报告，汇编成册。

拓展阅读

自考给予我终生学习能力

——自考，叩开博士梦之门

"父母给了我生命，老师给了我知识，而自考给予我的则是一种学习的能力。这种授之以渔的能力将使我终生受益。它圆的不仅仅是我儿时的博士之梦，还助我一次

次地实现了自我超越。"——蔡小军

蔡小军，1977年出生于湖南耒阳市；1997年毕业于湖南省江南工业学校；1999年底机电一体化专业自学考试专科毕业；2004年南京理工大学管理学硕士毕业；2004年9月至今，北京工业大学管理科学与工程专业博士生，师从中国著名经济学家、中国工程院李京文院士。

初中毕业时，他走到人生的第一个十字路口：向左，四年公费中专，毕业可能会包分配;向右，三年自费高中，毕业后一切未卜。向左还是向右？命运给他出了一道难题，那年他15岁。最终，他来到湖南省江南工业学校读机械制造专业。用蔡小军自己的话说"这样既可以不用花家里太多钱又可以继续上学。"出生寒门的孩子，做任何选择都会考虑到家庭。

选择中专学习的蔡小军渴求知识的心就如同一块海绵，贪婪吸收着一切新鲜未知的东西。认真学习的他在中专，先后担任过班长、学生会保卫部长，两次被评为学生标兵，直至毕业，他的成绩综合排名为全年级第一且被评为湖南省优秀学生干部。

终于毕业了。农家的孩子可以端国家的铁饭碗了。但一切似乎并没有想象的那么美好，正应了一句俗话：好事多磨。那年毕业的分配情况并不是很好，人才市场出现"供大于求"的状况，用人单位的应聘要求是大专甚至大本学历。毕业那年在学校只有6个毕业分配指标的情况下，蔡小军最终因在学校的优秀表现，争取到了一个分配名额。他被分到湖南一家很有名的机械企业，做的是专业对口的工作——机械技术员。"在那个国企我待了五年，各方面待遇都还不错，也能很明显的感受到能力的不断提高。但是随着工作的深入，越发感到知识的贫乏，特别是后来经常出差，渐渐意识到自己所处的环境和外地差距太大了。后来进单位的同事一般都有大专、本科文凭，感到了压力，我觉得应该趁自己年轻再学习。"于是蔡小军做出了一个重要决定：考研。

但当时的他只有中专学历，而考研的最低学历要求是大专，怎样解决这个矛盾呢？"我当时就想到了自考，通过自考拿到大专文凭。当时我刚参加工作，没有多少积蓄，工作时间也不固定，经常出差。而自考既省钱又不影响我的工作。"既下了决定，就得"真刀实枪"地努力了。最终，他再次"出人意料"：两年时间通过15门课程；单科平均80分，单科最高分竟高达93分，通过率近100%。仅两年多的时间就顺利拿到了大专文凭，获得了报考研究生的资格。"现在想来，正是自考使我离博士的梦想越来越近。"

俗话说：好事多磨。2001年1月，他参加研究生考试没有通过，有梦想的他并没有放弃；2002年1月，他更加努力地备考研究生考试并考取了南京理工大学管理科学与工程专业的公费硕士研究生。硕士毕业后，他选择继续读博，把这条学术之路走得更远更深。

心灵感悟

终身学习调查

以下问题，你会怎么回答？

1. 你现在学习的主要动力是什么？和以前相比有什么异同？

_____

2. 你认为终身学习重要吗？如若重要，请谈谈原因。

_____

3. 你认为掌握什么样的技能才能进行终身学习并保持终身学习？

_____

4. 你认为要实现终身学习型社会，学校的教育是否需要改革？如何改革？

_____

5. 你认为进行终身学习"硬能力"（例如计算机技术）和"软能力"（例如团队合作意识、判断、思维）哪一种更重要？

_____

6. 你觉得具备什么样的能力才能建立好"学习"与"工作"之间的和谐桥梁？

_____

_____

心理实验

师旷演奏

　　师旷是我国古代著名的音乐家。一天，师旷正为晋平公演奏，忽然听到晋平公叹气说："有很多东西我还不知道，可我现在已 70 多岁，再想学也太迟了吧！"师旷笑着答道："那您就赶紧点蜡烛啊。"晋平公有些不高兴："你这话什么意思？求知与点蜡烛有什么关系？答非所问！你不是故意在戏弄我吧？"师旷赶紧解释："我怎敢戏弄大王您啊！只是我听人说，年少时学习，就像走在朝阳下；壮年时学习，犹如在正午的阳光下行走；老年时学习，那便是在夜间点起蜡烛小心前行。烛光虽然微弱，比不上阳光，但总比摸黑强吧。"晋平公听了，点头称是。

第五章

提高职业心理素质

SUCCESS

◀ **教学目标**

1. 了解职业生涯与职业规划，懂得为自己的人生做职业规划。
2. 了解职业与生活、成长和学习的关系，懂得职业心理素质的重要性。
3. 正确对待职业压力与职业倦怠，提高职业适应能力，为成功地求职就业与创业奠定心理基础。

◀ **教学要求**

认知： 了解职业心理素质的重要性，正确对待求职就业与创业中出现的心理行为问题。

情感态度观念： 勇于面对职业压力与职业倦怠，认同职业角色规范，不懈追求创业和创新。

运用： 掌握提高职业适应能力的方法，在体验和实践中提高职业心理素质。

第19课 职业生涯与规划

目标有价值，人生才有价值。

只有了解了自己为何要活一生，确立了自己所要完成的目标，人生才会更有意义。因此，我们要树立自己的目标，而且要树立有价值的目标。

没有目标的人生就像没有方向的航船，只能在海上漫无目的地漂泊。为了掌握自己的人生，先要明确你的目标，找到努力的方向，再立即采取行动，不断努力提高自己的能力，促进自己的成长，才能获得满意的人生。

（摘自《世界上最经典的哲学故事》星汉 编著）

如果一个人活着不知道他要驶向哪个码头，那么任何风都不会是顺风。有人活着没有任何目标，他们在世间行走，就像河中的一棵小草，他们不是行走，而是随波逐流。

——塞涅卡

什么是人生？什么是生涯？"生旦净末丑"，我们的人生或生涯，就是由这一辈子在不同时期经历的各种角色所构成。不论你怎么想，所有的人生都有一个共同的特色，那就是"出生到死亡"。我们要强调的是在出生到死亡之间的生活要如何充实。"生涯是综其一生，不同时期不同角色的组合。"我们应充实地过好每一天，规划好自己的人生，做好人生的规划。职业在人生中占据很重要的地位，因此职业生涯规划对于人生来说尤其重要。

心理故事

目标方向

有一次，在高尔夫球场，罗曼·V·皮尔在草地边缘把球打进了杂草区。有一个青年刚好在那里清扫落叶，就和他一块找球。那青年很犹豫地说：

"皮尔先生，我想找个时间向您请教。"

"什么时候呢？"皮尔问道。

"哦！什么时候都可以。"他似乎颇为意外。

"像你这样说，你是永远没有机会的。这样吧，30 分钟后在第 18 洞见面！"皮尔说道。30 分钟后他们在树荫下坐下，皮尔先问他的名字，然后说："现在告诉我，你有什么事要同我商量？"

　　"我也说不上来，只是想做一些事情。"

　　"能够具体地说出你想做的事情吗？"皮尔问。

　　"我自己也不太清楚。我很想做和现在不同的事，但是不知道做什么好。"他显得很困惑。

　　"那么，你准备什么时候实现那个还不能确定的目标呢？"皮尔又问。

　　青年对这个问题似乎既困惑又激动，他说："我不知道。我的意思是有一天。有一天想做某件事情。"于是，皮尔问他喜欢什么事。他想了一会儿，说想不出有什么特别喜欢的事。

　　"原来如此，你想做某些事，但不知道做什么好，也不确定要在什么时候去做，更不知道自己最擅长或喜欢的事是什么。"

　　听皮尔这样说，他有些不情愿地点头说："我真是个没有用的人。"

　　"哪里。你只不过是没有把自己的想法加以整理，或缺乏整体构想而已。你人很聪明，性格又好，又有上进心。有上进心才会促使你想做些什么。我很喜欢你，也信任你。"

　　皮尔建议他花两星期的时间考虑自己的将来，并明确决定自己的目标，不妨用最简单的文字将它写下来。然后，估计何时能顺利实现，得出结论后就写在卡片上，再来找自己。

　　两个星期以后，那个青年显得有些迫不及待，至少精神上看来像完全变了一个人似的在皮尔面前出现。这次他带来明确而完整的构想，已经掌握了自己的目标，那就是要成为他现在工作的高尔夫球场经理。现任经理 5 年后退休，所以他把达到目标的日期定在 5 年后。

　　他在这 5 年的时间里确实学会了担任经理必备的学识和领导能力。经理的职务一旦空缺，没有一个人是他的竞争对手。

　　又过了几年，他的地位依然十分重要，成为公司不可缺少的人物。他根据自己任职的高尔夫球场的人事变动决定未来的目标。现在他过得十分幸福，对自己的人生非常满意。其实这个青年的际遇绝不是个例，他可能就是你，就是我，是许多想要努力却没有方向的人。因此，我们也应像他那样，先静下来想想自己最想要的究竟是什么，树立了目标才能全力以赴。

一、什么是职业生涯规划

　　职业生涯规划又叫职业生涯设计，是指个人与组织相结合，在对一个人职业生涯的主客观条件进行测定、分析、总结的基础上，对自己的兴趣、爱好、能力、特点进行综合分析与权衡，结合时代特征，根据自己的职业倾向，确定其最佳的职业奋斗目标，并为实现这一目标做出行之有效的安排。

职业生涯规划的意义有以下五点：

❶ 职业生涯规划有助于帮助自己确定职业发展目标。

❷ 职业生涯规划可以发掘自我潜能，增强个人实力。

❸ 职业生涯规划可以增强发展的目的性与计划性，提升成功的机会。

❹ 职业生涯规划可以提升应对竞争的能力。

❺ 职业生涯规划有助于指导中职生的在校学习。

二、如何做好职业生涯规划

生涯规划的设计过程如下：

第一步，确定目标。所谓目标就是我们追求的方向。

第二步，找准差距。当有了目标之后，我们就要把目标跟目前的情况进行对照，找出差距，进行调整。

第三步，制订计划。这个计划是用来填补这些差异的，比如我在知识准备上有差异，那么我准备用 1～3 年时间在知识准备上达到什么水平，3～5 年达到什么水平，为了达到这些目标，填补这些差异，我准备如何做，有哪些具体的措施。

第四步，落实到行动上。提出一个问题等于解决问题的一半，有一打想法不如一个行动。只有付诸行动，成功才会与我们有约。

心理知识

生涯彩虹图

　　从 1957 年到 1990 年，著名职业生涯规划大师萨柏（Donald E. Super）拓宽和修改了他的终身职业生涯发展理论，这期间他最主要的贡献是"生涯彩虹图"（如图 5-1 所示）。为了综合阐述生涯发展阶段与角色彼此间的相互影响，萨柏创造性地描绘出一个多重角色生涯发展的综合图形——"生涯彩虹图"，形象地展现了生涯发展的时空关系，更好地诠释了生涯的定义。在生涯彩虹图中，纵向层面代表的是纵观上下的生活空间，是由一组职位和角色所组成，分成子女、学生、休闲者、公民、工作者、持家者六个不同的角色，他们交互影响交织出个人独特的生涯类型。

　　他认为在个人发展历程中，随年龄的增长而扮演不同的角色。图的外圈为主要发展阶段，内圈阴暗部分的范围，长短不一，表示在该年龄阶段各种角色的分量；在同一年龄阶段可能同时扮演数种角色，因此彼此会有所重叠，但其所占比例分量则有所不同。

　　根据萨柏的看法，一个人一生中扮演的许许多多角色就像彩虹同时具有许多色带。萨柏将显著角色的概念引入了生涯彩虹图。他认为角色除与年龄及社会期望有关外，与个人所涉入的时间及情绪程度都有关联，因此每一阶段都有显著角色。

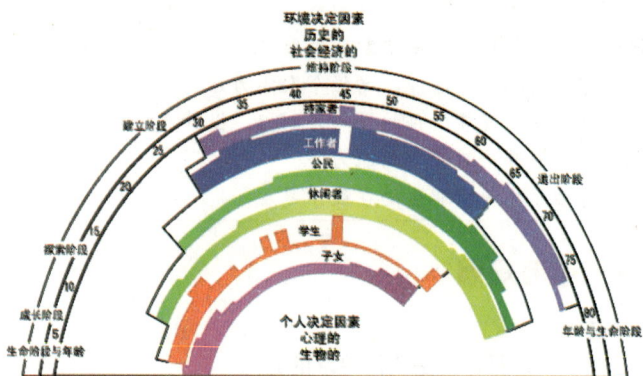

图 5-1　生涯彩虹图（Life-career rainbow）

生涯发展的五个阶段

阶段	年龄跨度	时期	发展任务
预备	0～10 岁 11～12 岁 13～14 岁	幻想 兴趣 能力	接受家庭教育与父母影响 适应学校与社会生活 了解工作的意义，逐渐认识自己
探索	15～17 岁 18～21 岁 22～24 岁	试探 转变 尝试	职业喜好具体化 形成职业意愿，感受工作压力 求职择业，学会面对挫折
立业	25～30 岁 31～44 岁	稳定 立业	安家，养儿育女 上有老，下有小，肩负家庭和工作双重责任
维持	45～60 岁	维持	持续发展，准备退休计划
衰退	60 岁以后	衰退	适应退休生活，发展新的角色

心理活动

认识职业生涯规划

1. 知己

我的个性是：_____

我的兴趣是：_____

我的能力是：_____

我觉得人生最重要的是：＿＿＿＿＿＿＿＿＿＿＿＿＿＿＿＿＿＿＿＿＿

我就读这所学校的原因是：＿＿＿＿＿＿＿＿＿＿＿＿＿＿＿＿＿＿＿

我选择所学专业的原因是：＿＿＿＿＿＿＿＿＿＿＿＿＿＿＿＿＿＿＿

我是不是具有"感同身受，设身处地"的思考方式？＿＿＿＿＿＿＿

我是不是可以进行换位思考？＿＿＿＿＿＿＿＿＿＿＿＿＿＿＿＿＿＿

2. 知彼

我所知最热门的行业是：＿＿＿＿＿＿＿＿＿＿＿＿＿＿＿＿＿＿＿＿

我最想从事的工作是：＿＿＿＿＿＿＿＿＿＿＿＿＿＿＿＿＿＿＿＿＿

从事这样的工作，我需要具备的能力有：＿＿＿＿＿＿＿＿＿＿＿＿＿

我目前所在学校可提供的条件有：＿＿＿＿＿＿＿＿＿＿＿＿＿＿＿＿

3. 抉择与行动

我该选择的职业目标是：＿＿＿＿＿＿＿＿＿＿＿＿＿＿＿＿＿＿＿＿

我达成自己目标的途径有：＿＿＿＿＿＿＿＿＿＿＿＿＿＿＿＿＿＿＿

心理体验

假如你手上有 5 万块钱，你会为下面的 12 个项目出多少钱？每项不少于5 000元，购买的项目不得低于 5 项，尽量不要有相同的钱数，将钱数填于表中，时间是5 分钟。

项　目	价　格	项　目	价　格
学业		特长	
善心		智慧	
财富		美丽	
自由		公平	
信心		家庭	
健康		好的职业	

结果提示：你给哪个项目最高的价格，说明在你心中，把那个项目看得最重要，这就叫价值观。给你自己的价值观排个队，这就是人生的选择。这种选择会影响着我们的人生目标。

中职学生可以通过什么形式进入大学学习深造

除了能学到一技之长，"升学"现在也为中职学生打开了大门。职业学校升学主要途径有 7 种。

中职学生可以通过"3+技能证书""普通高考考试""高职院校对口自主招生"和"中高职三二分段"等方式全日制进入大学学习深造；也可通过成人高考、自学考试、电视大学、网络教育等方式边工作边读书，完成业余制的学历提升，具体的各个途径如下：

途径一：高职院校对口自主招生

根据《关于做好 2011 年高等职业院校面向中等职业技术学校对口自主招生试点工作的通知》（粤教职函〔2011〕3 号）精神，2011 年继续扩大职业院校对口自主招生试点工作，招生对象为具有广东省户籍的中等职业技术学校应届毕业生，学制两年。对口自主招生考试科目为综合文化知识和专业综合理论、专业技能共 3 门，综合文化知识和专业综合理论、专业技能的权重比例为 4：3：3，各科分值为综合文化知识 200 分，专业综合理论 150 分，专业技能 150 分，满分 500 分。

途径二：中高职三二分段试点招生

根据《关于开展 2011 年职业院校对口自主招生三二分段试点中职学校申请工作的通知》（粤教职函〔2011〕4 号）精神，继续遴选部分中等职业技术学校与高职院校对接开展对口自主招生三二分段中高职衔接（简称"中高职三二分段"）试点工作。中职学段招生对象为具有广东省户籍的应届初中毕业生；高职学段招生对象为对应试点中等职业技术学校相应专业符合报考条件的正式学籍学生。学制为中职学段三年，高职学段二年，中职转高职学段时要进行转段考核。

途径三："3 +专业技能课程证书"考试升学

参加国家专为中职毕业生升学开设的"3+专业技能课程证书"考试，通过考试者可入读高等职业院校接受高等教育。

途径四：参加普通高考

中职毕业生与高中毕业生一样也可参加普通高考，一些普通高校的某些专业也招收中职学生。选择参加普通高考的学生要先报名参加普通高中学业水平考试，再参加广东省普通高等学校招生统一考试。

途经五：参加成人高考

中职毕业生可以一边工作一边参加成人高考，学习方式可分为函授和业余两种。近年来，广东省的成人高考政策趋于稳定，国家承认学历的各类高、中等学校在校生以外的在职、从业人员和社会其他人员都可以报考。

途径六：中职自学考试

中职生毕业生可参加自学考试取得大学专科或是本科文凭。目前自学考试实行一年四考，每年 1、4、7、10 月分别举行考试，宽进严出，以自学为主，参加统一考试，获得国家承认、全国通用的专科、本科学历。

途径七：参加省级以上技能竞赛，获奖可免考或加分报读高职院校

根据《关于做好广东省 2009 年普通高校招生工作的通知》（粤招〔2009〕3 号）规定：（1）中等职业学校毕业生在校期间获得广东省中等职业学校技能大赛一等奖和获得全国职业院校技能大赛一、二、三等奖者，可免试进入省内高职院校相应专业就读；（2）获得广东省中等职业学校技能大赛二等奖者，在省内高职院校录取时，可在考生统考成绩总分的基础上增加 20 分投档；获得广东省中等职业学校技能大赛三等奖者，在省内高职院校录取时，可在考生统考成绩总分的基础上增加 10 分投档；获得广东省中等职业学校技能大赛优秀奖者，在省内高职院校录取时，同等条件者，可由学校优先录取。

心灵感悟

1. 完成"认识职业生涯规划"活动后的收获与感想什么？

2. 我的生涯彩虹图：

心理实验

从众实验

"阿希实验"是研究从众现象的经典心理学实验，它是由美国心理学家所罗门·阿希在 40 多年前设计实施的。所谓从众，是指个体受到群体的影响而怀疑、改变自己的观点、判断和行为等，以和他人保持一致。阿希实验就是研究人们会在多大程度上受到他人的影响，而违心地进行明显错误的判断。

典型的实验材料是 18 套卡片，每套两张，一张画有标准线段，另一张画有比较线段。被试 7 人一组，其中 6 人是实验助手（即假被试），第 6 人是真正的被试。被试的任务是在每呈现一套卡片时，判断 A、B、C 三条线段的哪一条与标准线段 X 等长（如图 5-2 所示）。

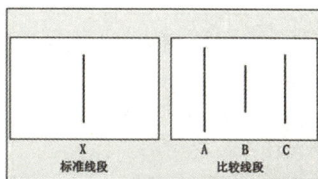

图 5-2　从众实验示意图

实验开始前几次判断，大家都作出了正确的选择，从第 7 次开始，假被试（助手）故意做出错误的选择，实验者开始观察其被试的选择是独立还是从众。面对这一实验情境，真被试在做出反应前需要考虑以下三个问题：是自己的眼睛有问题，还是别人的眼睛有问题？是相信多数人的判断，还是相信自己的判断？在确信多数人的判断是错误时，能否坚持自己的独立性？阿希从 1951 年开始，1956 年、1958 年又多次重复这项实验，结果发现：

- ◆ 大约有 1/4 到 3/4 的被试始终保持独立性，无从众行为；
- ◆ 约有 15% 的被试平均做了总数 3/4 次的从众行为；
- ◆ 所有被试平均做了总数 1/3 的从众行为。

第 20 课 ▶ 职业意识与职业选择

生命的价值在于如何使用自己。

同样的一瓶饮料，放在便利店里只卖 2 元钱，但出现在五星饭店的餐桌上，可能价格就是几十元。一个才华横溢的人一旦站错了位置，就容易被人忽视，即使本身仍有价值，甚至价值不菲。很多时候，一个人的价值取决于所在的位置，这个位置不必多么尊贵、多么崇高，但一定要适合。

（摘自《世界上最经典的哲学故事》星汉 编著）

"垃圾是放错位置的财富。"

——德国管理名言

人生的路从来都不仅仅只有一条，而是有无数条。没有最好的路，只有最适合的路。职业也有千千万万，每个职业岗位都有其角色特征，我们要分析好自己的个性特征，从中选择出适合自己的职业岗位。

心理故事

"绿拇指"

加拿大少年琼尼的爸爸是木匠，妈妈是家庭主妇。这对夫妇节衣缩食，一点点地在存钱，因为他们准备送儿子上大学。

琼尼读高二年级时，一天，老师把这个16岁的少年叫到办公室，对他说："琼尼，我看过了你各学科的成绩和各项体格检查，对于你各方面的情况我都仔细研究过了。"

"我一直很用功的。"琼尼插嘴说。

"问题就在这里，"教师说，"你一直很用功，但进步不大。看来高中的课程你有点力不从心，再学下去，恐怕你就浪费时间了。"

孩子用双手捂住了脸："那样我爸爸妈妈会难过的。他们一直希望我上大学。"

老师用一只手抚摸着孩子的肩膀，对孩子说："人们的才能各种各样，琼尼，工程师不识简谱，或者画家背不全九九表，这都是可能的。但每个人都有特长——你也不例外。终有一天，你会发现自己的特长。到那时，你就会令你爸爸妈妈为你骄傲了。"

琼尼从此再没去上学。

那时城里活计难找。琼尼替人整建园圃，修剪花草，整天勤勉地忙碌着。不久，雇主们开始注意到这小伙子的手艺，他们称他为"绿拇指"——因为凡经过他修剪的花草无不出奇的繁茂美丽。他常常替人出主意，帮助人们把门前那点有限的空间因地制宜精心装点；对颜色的搭配更是在行，经他布设的花圃无不令人赏心悦目。

琼尼在园艺上取得了很大的成就，如今的琼尼已经是全国知名的风景园艺家。

不错，琼尼至今没学会说法国话，也不懂拉丁文，微积分对他更是个未知数。但色彩和园艺是他的特长。他使年迈的双亲感到了骄傲，这不仅是因为他在事业上取得的成就，而且还因为他能把人们的住处弄得无比舒服、漂亮——他工作到哪里，就把美带到哪里。

一、什么是职业

职业是人生很重要的一部分，那么职业究竟是什么？

职业是人们维持生计、承担社会角色分工、发挥个人才能的一种连续进行的社会活动。人生的大部分时间都在工作，都与职业发生着密切联系。对大多数人来说，工作是生活中最重要的组成部分之一。职业在人们的生活中占有重要位置，它能使人实现自身的价值，改变人们的生活方式。从个体水平上看，工作不仅为人提供经济来源，更是人在现代社会中保持身心健康的一个重要因素。

职业具有三方面的价值：维持生存、发展自己、贡献社会。

职业体现了人们从事某种专业活动担当的角色。职业活动是人们创造社会价值或经济价值的活动，并从创造的价值中取得自己应得的报酬。

职业活动具有长期性、连续性、稳定性、知识性、技术性和规范性。

工作是保持身心健康的一个重要因素。有的人每天愁眉苦脸，讨厌所做的工作；有的人每天欢欢喜喜，热爱他所做的一切。这是每个人不同的职业心理素质的体现。

职业心理素质是个体拥有的对职业活动起重要影响的心理品质，是与人所从事的职业相匹配的心理素质总和。

职业心理素质的结构包括职业意识和职业能力，其中职业需要、职业价值观、职业道德、职业气质都属于职业意识范畴，而职业能力包括知识结构和机能结构的内容。

二、职业选择

合适的职业选择也很重要。职业选择是个人对于自己就业的种类、方向的挑选和确定。它是人们真正进入社会生活领域的重要行为，是人生的关键环节。

人-职匹配理论即关于人的个性特征与职业性质一致的理论。其基本思想是，个体差异是普遍存在的，每一个个体都有自己的个性特征，而每一种职业由于其工作性质、环境、条件、方式的不同，对工作者的能力、知识、技能、性格、气质、心理素质等有不同的要求。进行职业决策（如选拔、安置、职业指导）时，就要根据一个人的个性特征来选择与之相对应的职业种类，即进行人-职匹配。如果匹配得好，则个人的特征与职业环境协调一致，工作效率和职业成功的可能性就大为提高；反之则工作效率和职业成功的可能性就很低。因此，对于组织和个体来说，进行恰当的人-职匹配具有非常重要的意义。

具有良好的职业心理素质，做好合适的职业选择，职业生涯才会快乐而且精彩。

心理知识

气质与职业的关系

尽管气质没有好坏之分，但气质却能影响一个人的工作效率。特别是在一些身心需要承受高度紧张的职业中，气质不仅关系到工作的效率，还关系到事业的成败。如果在职业的选择过程中，能考虑到自己的气质类型而选择与其相适应的职业，就更能发挥优势与特长，取得更大的成就。

心理学家荣格认为，一个内倾型的人想要成为一名汽车推销员或者一个外倾型的人想要成为一名会计，都是很难办到的。对于各种气质类型的人，可以根据气质特点进行职业选择。

1. 胆汁质型

胆汁质型又称为不可抑制型，属于战斗类型。这种人适合做刺激性大而富有挑战性的工作，如导游、节目主持人、推销员、演员、模特等。胆汁质的人不适合做整天坐在办公室或不走动的工作。

2. 多血质型

多血质型又称为活泼型，属于敏捷好动的类型。多血质人的职业选择较广泛，如管理、导游、外交、公安、军官、新闻工作、服务、咨询等。多血质的人不适合做细致单调、环境过于安静的工作。

3. 黏液质型

黏液质型又称为安静型，属于缄默而沉静的类型。这种类型的人适合做管理人员、办公室文员、会计、出纳、播音员、法官、调解人员、外科医生等。黏液质的人不适合做富于变化和挑战性大的工作。

4. 抑郁质型

抑郁质型又称为易抑制型，属于呆板而羞涩的类型。这种类型的人适合做打字员、校对员、检察员、化验员、数据登记人员、文字排版人员、机要秘书、保管员、保育员、研究人员等。抑郁质的人不适合做需与各色人物打交道、变化多端、大量消耗体力和脑力的工作。

心理体验

职业倾向测试题

测试导语：为协助大家了解自己的职业兴趣和职业倾向，以便及早为自己的职业生涯做好准备，请做个小小测试。

以下有 60 道题目。如果你认为自己属于这一类人，便在序号上画一个圈，反之，便不必做记号。答题时不需要反复思考。

测试开始

1	我喜欢自己动手干一些具体的能直接看到效果的活。
2	我喜欢弄清楚有关做一件事情的具体要求，以明确如何去做。
3	我认为追求的目标应该尽量高些，这样才可能在实践中获得更多成功。
4	我很看重人与人之间的友情。
5	我常常想寻求独特的方式来表现自己的创造力。
6	我喜欢阅读比较理性的书籍。
7	我喜欢生活与工作场所布置得朴实些、实用些。
8	在开始做一件事情以前，我喜欢有条不紊地做好所有的准备工作。
9	我善于带动他人、影响他人。
10	为了帮助他人，我愿意做一些自我牺牲。
11	当我进入创造性工作时，我会忘记一切。
12	在找到解决困难的办法之前，通常我不会罢手。
13	我喜欢直截了当，不喜欢说话婉转。
14	我比较善于注意和检查细节。
15	我乐于在所从事的工作中承当主要责任人。
16	在解决我个人问题时，我喜欢找他人商量。
17	我的情绪容易激动。

18	一接触到有关新发明、新发现的信息，我就会感到兴奋。
19	我喜欢在户外工作与活动。
20	我喜欢有规律的生活，干净整洁的环境。
21	每当我要做重大决定之前，总觉得异常兴奋。
22	当别人叙述个人烦恼时，我能做好一个很好的倾听者。
23	我喜欢观赏艺术展和好的戏剧与电影。
24	我喜欢先研究所有细节，然后再做出合乎逻辑的决定。
25	我认为手工操作和和体力劳动永远不会过时。
26	我不大喜欢由我一个人负责来做重大决定。
27	我善于和能为我提供好处的人交往。
28	我善于调节他人相互之间的矛盾。
29	我喜欢比较别致的着装，喜欢新颖的色彩与风格。
30	我对各种大自然的奥秘充满好奇。
31	我不怕干体力活，通常还知道如何巧干体力活。
32	在做决定时，我喜欢保险系数比较高的方案，不喜欢冒险。
33	我喜欢竞争与挑战。
34	我喜欢与人交往，以丰富自己的阅历。
35	我善于用自己的工作来体现自己的情感。
36	在动手做一件事情之前，我喜欢先在脑海中仔细思索几遍。
37	我不喜欢购买现成的物品，希望能购买到材料自己做。
38	只要我按照规则做了，心里才会踏实。
39	只要成果大，我愿意冒险。
40	我通常能比较敏感地察觉到他人的需求。
41	音乐、绘画、文字，任何优美的东西都特别容易给我带来好心情。
42	我把受教育看成是不断提高自我的一辈子的过程。
43	我喜欢把东西拆开，然后再使之复原。
44	我喜欢每一分钟都花得要有名堂。
45	我喜欢启动一项工作，具体的细节让他人去负责。
46	我喜欢帮助他人，提高他人的学习能力。
47	我很善于想象。

48	有时候我能独坐很长时间来阅读、思考或做一件难对付的事情。
49	我不怎么在乎干活时弄脏自己。
50	只要能仔细地、完整地做完一件事情，我就感到十分满足。
51	我喜欢在团体中担当主角。
52	如果我与他人有了矛盾，我喜欢采取平和的方式加以解决。
53	我对环境布置比较讲究，哪怕是一般的色彩、图案都希望能赏心悦目。
54	哪怕我明知结果会与我的期盼相悖，我也要探究到底。
55	我很看重健壮而灵活的身体。
56	如果我说了我来干，我就会把这件事情彻底干好。
57	我喜欢谈判，喜欢讨价还价。
58	人们喜欢向我倾诉他们的烦恼。
59	我喜欢尝试有创意的新主意。
60	凡是我都喜欢问个"为什么"。

计分标准

请根据你在上面自测的过程中画圈的序号，在下表中相同的数字上同样画圈					
实际型	探索型	艺术型	社会型	事业型	常规型
01	02	03	04	05	06
07	08	09	10	11	12
13	14	15	16	17	18
19	20	21	22	23	24
25	26	27	28	29	30
31	32	33	34	35	36
37	38	39	40	41	42
43	44	45	46	47	48
49	50	51	52	53	54
55	56	57	58	59	60

接着，根据每一栏所画圈的多少将排在前三位的栏目顶上的类型填在下面

第一：

第二：

第三：

实际型（R）

　　实际型劳动者愿意从事"看得见、摸得着"的工作。喜欢使用工具，特别喜欢操作大型机器。他们做起事来手脚灵活、动作协调。但不善言辞，不善交际，在社会场合往往觉得很不自在，最不喜欢教育工作与接待他人的工作。

　　给人的印象是：不合群，实利主义，谦卑（避免抛头露面），循规蹈矩，自然，倔强（不善变通），直率，精神健全，节俭，坦诚，有毅力，缺少见识，固执，注重实际。

　　对应职业类型：实际型职业主要是指各类工程技术工作与农业工作。

　　主要有：机械、汽车、飞机、土木、采矿等方面的工程师和技术人员；机械操作、维修、安装、热处理工人，矿工、电工、土木、鞋匠等；公共汽车、出租汽车、工业卡车的司机；轮船、火车驾驶员；测绘员、描绘员、消防队员等；农业机械师、牧民、渔民等。

探索型（I）

　　探索型劳动者善于解决抽象的问题，喜欢运用词、符号和观念进行工作。非常好奇，急于了解周围的未知世界。宁愿思考问题而不愿动手处理问题，喜欢独立的和富有创造性的工作，而不喜欢从事社会性的和重复性的活动。通常不愿意受人督促，也不愿意督促别人。知识渊博，为自己的学识和才能感到自豪，而对自己的领导能力缺乏信心。

　　给人的印象是：分析型，独立，理性，细心慎重，有智慧，冷漠（沉默寡言），不满（善批评），内向，孤独，复杂，悲观主义，不摆架子，好奇，精确和不合群（不讨人喜欢）。

　　对应职业类型：探索型职业主要偏重科学研究和科学实验工作。

　　主要有：物理、化学、数学、生物学、动物学、植物学、经济学、人类学方面的专家和助手；化学、飞机、电子、冶金、无线电和电视等方面的工程师和技术人员、飞机、电子计算机操作人员等。

艺术型（A）

　　艺术型劳动者喜欢以写作、作曲、绘画、摄影、建筑等各种艺术形式表现自己的环境工作。乐于创造新颖的、与众不同的东西，渴望表现自己的个性。比较敏感，易动感情，喜欢独立工作，而不过多关心社会纠纷。一般对单调的或经营性的工作不感兴趣。

　　给人印象是：复杂，不切实际，直观，目无法纪，不守常规，感情冲动，有独创性，善于表达，独立，敏感，理想主义的和开放。

　　对应职业类型：艺术型职业主要指各类艺术创作工作。

　　主要有：艺术、音乐、戏剧、外语、文学、舞蹈的方面的教师；歌唱家、舞蹈家、乐队指挥等；编辑、广播节目作者；艺术、家具、珠宝等行业的设计师；文学、艺术方面的评论员等。

社会型（S）

　　社会性劳动者喜欢从事为人服务和教育他人的工作，喜欢解决人们关心的社会问题。热情慷慨，善于交际，关心他人，人际关系很融洽。总是在寻求与群众接触的机会，渴望发挥自己的社会作用，平时比较看重社会义务与社会道德。一般缺乏技术特长，不喜欢从事需要运用劳动工具的工作。

给人的印象：向上，乐于助人，有责任心，合作，理想主义，合群，耐心，八面玲珑，友好，仁慈，善解人意，慷慨，有说服力和温暖的。

对应职业类型：社会型职业主要指各种直接为他人服务的工作。

主要有：社会科学、历史、体育等方面的教师，保育员，教育行政人员；社会科学、政治科学、社会学、历史学等方面的专家；整治工作人员、职业护士；社会服务指导，体育教练；食品、戏院、酒店、旅社的经理；房间管理人员；发型师；牙科助手；福利人员等。

事业型（E）

事业型劳动者喜欢竞争，敢冒风险，精力充沛，乐观自信，善于交际，能说会道，具有领导才能。喜爱权利、地位与物质财富。一般不擅长科学研究，对系统而复杂的思维工作很不耐烦。

给人的印象是：精力旺盛，好出风头，乐观，大胆，兴奋，自信，讨人喜欢，外向，合群，野心勃勃，滔滔不绝，盛气凌人，风流和贪得无厌。

对应职业类型：事业型职业是指那些组织与影响他人共同完成组织目标的工作。

主要有：家具、杂货、艺术品、礼品、零售等行业的商人；农场、家庭用品店的经理；工程师；市场和商业系统分析专家；银行、固定资产工作人员；工作关系指导、管理助手；供销人员、售货员；政府官员；广播和电视播音员等。

常规型（C）

常规性的劳动者喜欢按计划办事，乐于完成指令性的任务，总希望知道别人期望他干什么，自己从不谋求领导职务。不喜欢冒风险，对复杂的人际关系问题不感兴趣。工作踏实，忠实可靠，遵守纪律。

给人的印象是：小心，缺乏灵活性，有恒心，遵守常规，自我约束，实际，认真，有条理，谨慎，被动，顺从，节俭，有效率，守纪律和缺乏想象力。

对应职业类型：常规型职业主要指各类科室工作。

主要有：会计、出纳、统计人员、打字人员、办公室人员、秘书与文书；旅游、外贸职员；邮递员、接线员、保管员；书刊销售员、图书馆助理、财政专家、审计人员、商业教研师；人事职员等。

心理活动

角色扮演：我是_____

1. 活动目的

通过"我是_____"的角色扮演，培养学生的职业意识。

让学生体验不同职业岗位的角色特征，分析自己的个人心理特征，从而选择出与自己相匹配的职业岗位。

2. 活动任务

同学们以小组的形式，创设一个职业场景来展示一个职业岗位的角色特征。

3. 活动准备

分组并抽取扮演的职业岗位；

分析角色特征并讨论扮演细节；

场景与表演设计；

解说词的准备；

人员分工及排练。

4. 活动记录

（1）确定组员名单，制定组名，选组长，抽取扮演的角色岗位。

组名

组长

组员名单

扮演职业

（2）分析角色特征，讨论细节。

项　　目	特　　征	细　　节
工作服饰		
工作神态		
工作语言		
工作礼仪		
工作内容		
其　　他		

（3）场景与表演设计。

剧本设计

场景设计

角色分工

其　　他

（4）解说词的准备。

场　　景	解　　说

（5）评价标准。

考核项目	评价指标	分值	其他小组评分	教师评分
准备工作	1. 特征分析准确	20		
	2. 准备细节详细	10		
	3. 剧本设计合理	10		
	4. 场景设计真实	10		
表演过程	1. 表演认真专注	10		
	2. 解说清晰流畅	20		
	3. 组员合作默契	10		
体会反馈	活动后的感悟	10		
	总　　分	100		

（6）分享与提升。

发现闪光点

有益的补充

我想告诉你

你想向别人展示什么样的你呢？别人是否知道呢？你眼中的自己和别人眼中的你是否一致？有多大差距呢？请来体验一下以下活动吧。

目的：

（1）理清自己的形象性格。

（2）了解你眼中的自己与别人眼中的自己的差距。

时间： 45分钟

地点： 教室

道具： 纸、彩笔、便利贴、食品、奖品

过程：

（1）提前布置同学按照自己的职业意愿来塑造自己的形象，参加职业聚会。

（2）到会同学在教室门口把形象设计所想要展示的自己的性格、职业的特征交给教师保管。

（3）在有效时间内，同学要邀请10位同学对自己的设计进行猜测，把猜测的便利贴收集交给教师。

（4）教师进行统计，评出最佳的自我形象设计者3名，最佳观察者3名。

（5）教师总结，颁奖。

规则：

（1）在进课室前，大家就要把形象和形象设计所要展示的自己的性格、职业特征准备好。

（2）在活动过程中积极邀请同学对自己进行猜测，并积极去猜测其他同学。

（3）每位同学只能对10位同学进行猜测。

拓展阅读

美国人为孩子设立"职业日"

在美国，学校过不久就会有一个"职业日"，请社会上各行各业，甚至"三教九流"的人到学校来给孩子们介绍各自的工作，律师、拍卖师、推销员、消防员、警察、运动员、作家等。当然，从"职业日"里，孩子们学到的并不是干什么能赚多少钱。他们学到的最重要的东西是：社会上的人到底是怎样生存的？通过"职业日"，向孩子们展示未来社会的五彩缤纷，而孩子们的打算也多种多样，长大了想当总统者有之，想当卡车司机者有之，想当动物园饲养员者有之，还有的女孩想当家庭妇女，并想连生五个孩子……一对美国夫妇以很自然的口气谈起女儿的前途，谈女儿手很巧，将来当个理发师也不错。

　　每年的 4 月 22 日是"带孩子上班日"，美国不少公司鼓励员工们，这一天带年满 6 岁到 16 岁的孩子来上班。据说这一活动的初衷是鼓励孩子参加工作，后来演变成让孩子知道其父母劳动的辛苦。由此，孩子感受到生活的艰难不易，就会珍惜父母的劳动成果，激发吃苦进取精神，对其未来起着很大的引导作用。

心灵感悟

1. 从"角色扮演"活动得到的收获与感想是什么？

_____

_____

2. 分析你的性格与什么职业相匹配？

_____

_____

3. 如何缩小职业性质与你本人的个性特征的差距，实现人-职匹配？

_____

_____

心理实验

皮亚杰品德发展阶段论实验

　　瑞士心理学家皮亚杰（Jean Piaget，1896—1980）在研究儿童品德发展方面做出了突出的贡献。他关于儿童及青少年道德判断问题的研究，为品德发展的研究提供了一个理论框架和一套研究方法，初步奠定了品德心理研究的科学基础。

　　皮亚杰依据精神分析学派的投射原理，采用对偶故事研究儿童的道德认知发展。他设计了一些包含道德价值内容的对偶故事，要求儿童判断是非对错，从儿童对行为责任的道德判断中来探明他们所依据的道德规则，以及由此产生的公平观念发展的水平。下面就是皮亚杰在研究中所用的对偶故事。

　　A. 有一个小男孩叫朱利安。他的父亲出去了，朱利安觉得玩他爸爸的墨水瓶很有意思。开始时他拿着钢笔玩。后来，他在桌布上弄上了一小块墨水渍。

　　B. 一次，一个叫奥古斯塔斯的小男孩发现他父亲的墨水瓶空了。在他父亲外出的那一天，他想把墨水瓶灌满以帮助他父亲。这样，在他父亲回家的时候，他将发现墨水瓶灌满了。但在打开墨水瓶时，他在桌布上弄上了一大块墨水渍。

　　皮亚杰对每一个对偶故事都提出了两个问题：

　　（1）这两个孩子的过失是否相同？

（2）这两个孩子中，哪一个更坏一些？为什么？

通过大量的实证研究，皮亚杰发现儿童道德判断能力的发展与其认识能力的发展存在着互相对应、平衡发展的关系，这种认识能力是在与他人和社会的关系之中得到发展的。皮亚杰概括出一条儿童道德认知发展的总规律：儿童的道德发展大致分为两个阶段：在 10 岁之前，儿童对道德行为的思维判断主要是依据他人设定的外在标准，称为他律道德；在 10 岁之后儿童对道德行为的思维判断则多半能依据自己的内在标准，称为自律道德。

第 21 课 ▶ 职业需求与素养

敬业，最完美的工作态度。

踏入职场后，每个人都雄心勃勃地要建功立业。而实际上许多人不明白，要得到多少，你就必须先付出多少。只知一味地索取，不知付出，这样的人，成功肯定不会降临到他身上，他的人际关系也会非常糟糕，没有一个人会对他满意。

工作是一台大机器，员工就好比每个零件，只有各个零件凝聚成一股力量，这台机器才可能正常启动。这也是员工之间应该遵循的一种工作精神或职业操守。因此，在职场要学会欣赏他人，充分发扬每个人的长处，扬长避短，资源共享，形成合力，才能取得 1+1＞2 的效果。

（摘自《快乐工作》 宋晓明 编译）

一个人的性格就是他的命运。

——赫拉克利特

人的职业需求是随着社会生产力的发展而发展，随着社会职业结构的变化而变化的。每一个求职人员都应该对自己的职业需求有一个客观的、合理的、科学的分析。保持合理的职业需求，舍弃不合理的职业需求，才能够寻找到一个适合自己的职业。我国职业教育领域普遍存在着"技能至上""能力越位"和片面追求"简单就业""一时就业"的倾向，职业基本素养教育相对处于职业教育"边缘"的境地。当职业院校培养的学生成为除了具有出色的一技之长之外，还具有较高综合素养的人才时，职业院校的学生才会生活得"更有尊严"。

心理故事

我送给你的礼物

乔治做了一辈子的木匠工作，他因敬业和勤奋而深得老板的信任。年老力衰的乔治对老板说，自己想退休回家与妻子儿女共享天伦之乐。老板十分舍不得他，再三挽留，但是他去意已决，不为所动。老板只好答应他的辞请，但希望他能再帮助自己盖一座房子。乔治自然无法推辞。

乔治已归心似箭，心思全不在工作上了。用料也不那么严格，做出的活也全无往日的水准。老板看在眼里，但却什么也没说。等到房子盖好后，老板将钥匙交给了乔治。

"这是你的房子，"老板说，"我送给你的礼物。"

老木匠愣住了，悔恨和羞愧溢于言表。他一生盖了那么多豪宅华亭，最后却为自己建了这样一座粗制滥造的房子。

同样一个人，可以盖出豪宅华亭，也可以建造出粗制滥造的房子，不是因为技艺减退，而是因为失去了责任感。如果一个人希望自己一直有杰出的表现，就必须在心中种下责任的种子，让责任感成为鞭策、激励、监督自己的力量，使自己在工作中没有丝毫的懈怠。

一、什么是职业需求

职业需求是指一个人对某种职业的渴求和欲望。这种渴求和欲望，成为一个人职业行为的积极性的源泉。

职业需求有物质性职业需求和精神性职业需求两种类型：

（1）物质性职业需求表现为对职业活动中物质方面的渴求，包括衣食住行等诸多方面，是人们最基本的、最重要的欲求，也是其他一切需求的基础。

（2）精神性职业需求则是一个人在职业活动中对精神文化方面的渴求。比如掌握知识、对美的享受、创造的欲望等；再比如，职业活动促进了同事、朋友之间的感情交流，使人们看到了自己的力量和智慧，这将使你的精神更加愉悦。

二、什么是职业素养

职业素养是一个人职业生涯成败的关键因素。很多企业界人士认为，**职业素养至少包含两个重要因素：敬业精神及合作的态度。**

敬业精神就是在工作中要将自己作为公司的一部分，不管做什么工作一定要做到最好，发挥出实力，对于一些细小的错误一定要及时地更正，敬业不仅仅是吃苦耐劳，更重要的是"用心"去做好公司分配给的每一份工作。

态度是职业素养的核心，好的态度（比如负责的、积极的、自信的、建设性的、欣赏的、乐于助人等）是决定成败的关键因素。

职业素养是人类在社会活动中需要遵守的行为规范，是职业的内在要求，是一个人在职业过程中表现出来的综合品质。个体行为的总和构成了自身的职业素养，职业素养是内涵，个体行为是外在表象。

简而言之，职业素养是职业人在从事职业中尽自己最大能力把工作做好的素质和能力。职业素养具体量化而成"职商"（英文 Career Quotient，简称 CQ，全称"职业智商"），它体现一个人在职场中成功的素养及智慧。也可以说一生成败看职商。

三、职业素养的内容

职业素养就是在职场上通过长时间地学习—改变—形成而最后变成习惯的一种职场综合素质。

职业素养主要有三大核心：

（1）"职业信念"是职业素养的核心

良好的职业素养应该包括良好的职业道德、正面积极的职业态度和正确的职业意识。良好的职业信念应该是由爱岗、敬业、忠诚、奉献、正面、乐观、用心、开放、合作及始终如一等这些关键词组成。

（2）"职业知识技能"是做好一份职业应该具备的专业知识和能力

俗话说"三百六十行，行行出状元"，没有过硬的专业知识，没有精湛的职业技能，就无法把一件事情做好，就更不可能成为"状元"了。

各个职业有各个职业的知识技能，每个行业还有每个行业的知识技能。这些可以通过各种学历证书、职业证书来证明，或通过专业考试来验证。总之，学习提升职业知识技能是为了让我们把事情做得更好。

（3）"职业行为习惯"就是你的职业能力

教育家叶圣陶说过："教育是什么，往单方面讲，只需一句话，就是要培养良好的习惯。"习惯是经过重复或练习而巩固下来的思维模式和行为方式，好的习惯能让人受益终生。职业行为习惯能反映出一个人的性格偏好、反应速度和思维模式等，是决定一个人能否提高工作能力及效率的关键因素。

职业信念是职业素养中最根基的部分，而职业技能是支撑职业人生的表象内容。

职业信念属世界观、价值观、人生观范畴的产物，从出生到退休或至死亡逐步形成，逐渐完善，而职业技能，通过学习、培训比较容易获得。例如，计算机、英语、建筑等属职业技能范畴的技能，可以通过三年左右的时间令我们掌握入门技术，在实践运用中日渐成熟而成为专家。可企业更认同的道理是，如果一个人基本的职业素养不够，比如说忠诚度不够，那么技能越高的人，其隐含的危险越大。

职业信念可以调整，职业技能可以提升。要让正确的信念、良好的技能发挥作用就需要不断地练习、练习、再练习，直到成为良好的行为习惯。

心理知识

优秀员工必备的职业素养

1. 像老板一样专注

作为一个一流的员工，不要只是停留在"为了工作而工作、单纯为了赚钱而工作"等层面上，而应该站在老板的立场上，用老板的标准来要求自己，像老板那样去专注工作，以实现自己的职场梦想与远大抱负。

2. 学会迅速适应环境

在就业形势越来越严峻、竞争越来越激烈的当今社会，不能够迅速去适应环境已经成了个人素质中的一块短板，这也是无法顺利工作的一种表现。相反，善于适应环境却是一种能力的象征，具备这种能力的人，手中也握有了一个可以纵横职场的筹码。

3. 化工作压力为动力

压力，是工作中的一种常态，对待压力，不可回避，要以积极的态度去疏导、去化解，并将压力转化为自己前进的动力。人们最出色的工作往往是在高压的情况下做出的，思想上的压力，甚至肉体上的痛苦都可能成为取得巨大成就的兴奋剂。

4. 善于表现自己

在职场中，默默无闻是一种缺乏竞争力的表现，而那些善于表现自己的员工，却能够获得更多的自我展示机会。那些善于表现自己的员工是最具竞争力的员工，他们往往能够迅速脱颖而出。

5. 低调做人，高调做事

工作中，学会低调做人，你将一次比一次稳健；善于高调做事，你将一次比一次优秀。在"低调做人"中修炼自己，在"高调做事"中展示自己，这种恰到好处的低调与高调，可以说是一种进可攻、退可守，看似平淡，实则高深的处世谋略。

6. 设立工作目标，按计划执行

在工作中，首先应该明确地了解自己想要什么，然后再去致力追求。一个人如果没有明确的目标，就像船没有罗盘一样。每一份富有成效的工作，都需要明确的目标去指引。缺乏明确目标的人，其工作必将庸庸碌碌。坚定而明确的目标是专注工作的一个重要原则。

7. 做一个时间管理高手

时间对每一个职场人士都是公平的，每个人都拥有相同的时间，但是在同样的时间内，有人表现平平，有人则取得了卓著的工作业绩，造成这种反差的根源在于每个人对时间的管理与使用效率上是存在着巨大差别的。因此，要想在职场中具备不凡的竞争能力，应该先将自己培养成一个时间管理高手。

8. 自动自发，主动就是提高效率

自动自发的员工，善于随时准备去把握机会，永远保持率先主动的精神，并展现出超乎他人要求的工作表现。他们头脑中时刻灌输着"主动就是效率，主动、主动、

再主动"的工作理念,同时他们也拥有"为了完成任务,能够打破一切常规"的魄力与判断力。显然,这类员工才能在职场中笑到最后。

9. 服从第一

服从上级的指令是员工的天职,"无条件服从"是沃尔玛集团要求每一位员工都必须奉行的行为准则,强化员工对上司指派的任务都必须无条件地服从。在企业组织中,没有服从就没有一切。所谓的创造性、主观能动性等都在服从的基础上才能够产生,否则公司再好的构想也无从得以推广。那些懂得无条件服从的员工,才能得到企业的认可与重用。

10. 勇于承担责任

德国大众汽车公司认为:"没有人能够想当然地'保有'一份好工作,而要靠自己的责任感去争取一份好工作!"世界上也许没有哪个民族比得上德国人更有责任感了,而他们的企业首先强调的还是责任,他们认为没有比员工的责任心所产生的力量更能使企业具有竞争力的了。显然,那些具有强烈责任感的员工才能在职场中具备更强的竞争力。

心理体验

你的工作态度及格吗?

测试导语:你最近工作状况好吗?曾有科学家分析,一般人的专心程度是和成功成正比的,所以工作的时候努力工作,玩的时候轻松去玩,这应该是最好的人生座右铭。现在就以一个简单的问题,来测试一下你的工作态度。

测试开始

许久没有背上钓竿了,今天如果正巧有伙伴一同去钓鱼,你会选择何处?

A. 海岸边　　　　B. 山谷小溪　　　　C. 坐船出海去　　　　D. 人工鱼池

结果分析

选 A:你是个讲究投资回报率的人,会以最少的资本追求最高的利润,很有生意眼光,所以你会到海岸边去钓躲在岩缝的小鱼,虽然体积不大,但数量却很多。

选 B:你对工作企划有一套,眼光远大,能安排好一个月以后的行程。只可惜你做事太保守,缺乏冲劲,不能专一地投入,不然你为何贪恋山谷的美景,而不把全部心神投注在钓鱼上?

选 C:工作狂热的代表,就像追求坐船时乘风破浪的快感一样,你是一股劲儿地拼命,也就是说,拼起来没有大脑,你只能听指令行事,但是绝对不能让你规划,因为你会急出脑溢血。

选 D：你只打有把握的仗，十足的现代人，有自信，会推销自己，商场上讲战术，头脑冷静，但是你有点锋芒毕露，切记不要抢人家的功劳，否则会为你以后的失败埋下伏笔。

心理评析

世界上没有卑微的工作，只有卑微的工作态度。假使你对待工作是被动而非主动的，像奴隶在主人皮鞭的督促之下一样；假使你对工作会感觉到厌倦，没有热诚和爱好之心，而只觉得它是一种苦役，那你在这个世界上，是一定不会有所作为的。工作态度包括工作积极性、工作热情、责任感、自我开发等较抽象的因素。不管从事什么工作，压力与困难是共存的，重要的是你的工作态度。当你看重你的工作时，纵使面对缺乏挑战或毫无乐趣的工作，你也会自动自发地做事，同时为自己的所作所为承担责任。

心理活动

传　球

时间：15 分钟。

人数：全体学生按 25 人分组。

形式：分组进行。

目的：

（1）通过传球的活动，培养团结、合作的精神。

（2）锻炼观察力、反应力，培养思考和解决问题的能力。

准备：编有号码的网球。

步骤：

先介绍规则：每个小组分别配有 1、2、3 号球。游戏要求将球按 1、2、3 号的顺序从发起者手里发出，最后按此顺序回到发起者手里。在传递过程中，每一人都必须触及到球，所需时间最少的获胜。球掉在地上一次额外加 10 秒。

游戏开始前，小组讨论 5 分钟，确定方案。

第一次游戏开始，记录下所用时间。

"有没有更好的办法缩短时间？这个游戏的最好成绩为 8 秒。"教师向所有小组提出挑战。小组用 5 分钟讨论，确定方案。

第二次游戏开始，记录下所用的时间。

活动评价：

（1）以时间最短为优胜。

（2）对自己小组的配合做出客观评价。

挫折——不要在心灵上被打败

有人问一个孩子，他是如何学会溜冰的？那孩子说："哦，跌倒了爬起来，爬起来再跌倒，这样便会了。"人生也是如此。跌倒不意味着失败，跌倒了站不起来，才是真正的失败。

生活中每一个困难与挫折，都是上天考验我们的机会，所以，当我们跌倒时，不必惊慌与难过，鼓励自己勇敢地站起来，掸掸身上的灰尘，然后继续前进，或许下一步，我们就能踏着沉稳的步伐，朝着人生的新目标前进。

优势效应

从前有个叫王老二的人，考上了状元，于是威风凛凛，傲气十足。

有一天，他走在街上，想通过考验别人来显示自己的能力。

首先他遇到卖木柴的樵夫，于是对樵夫说："我是当今的状元，我来考考你！你可以在木头上劈出一条直线，完全不弯曲吗？"

樵夫拿起一根木头，一刀劈下，笔直无弯，他淡淡地回答说："一条直线，你是说这样吗？"他看了心底一惊，赶紧佯装无事地溜走了。

接着他来到一家油坊，故意把一枚铜钱盖在瓶口上，对老板说："你可以从铜钱的孔里把油倒进瓶子里吗？如果我的铜钱没有沾到一滴油，我就买你五斤油。"他本来并不打算买油，只是想捉弄老板而已。但没想到，老板提起油桶，往瓶子里倒，油就像直线般细细长长地流进瓶子，装满后一秤刚好五斤。他的脸发颤，既然说了，只好乖乖付账，背着油瓶走了。

这些事情让他感慨地说道："三百六十行，行行出状元啊！我只是一行里的状元罢了，其余的三百五十九行我完全不行，凭什么认为自己是最了不起的呢？"

状元是科举的第一名，在这方面他是佼佼者，但是并不意味着他在所有的方面都很优秀，在其他的方面他可能很普通，甚至很笨拙。

因为根据"优势效应"，生活中的每个人都既有优势，又有劣势。在优势方面，我们很有天赋，付出一定的努力就可以很成功；而在劣势方面，我们的天赋很差，或者没有什么天赋，在这方面，无论我们付出多少努力，成就也会非常有限，甚至做得不好。

现代心理学研究表明，每个正常的人都具有一定的潜能。由于遗传、环境和教育以及个人努力程度等因素的不同，不同人的潜能存在着差异，发展也不均衡。因此，每个人成功的秘诀就是：找到自己的优势领域，在这个领域里发挥自己的能力。

心灵感悟

1. 谈谈你参加"传球"活动后的收获与感想：

_____

_____

2. 我的职业素养中的优点和不足：

_____

_____

3. 我养成良好的职业素养的措施：

_____

_____

心理实验

竞争实验

　　心理学家多伊奇（Deutsch）等人曾做过一个经典的实验，该实验要求两两成对，两人分别充当两家运输公司的经理，两人的任务都是使自己的车辆以最快的速度从起点到达终点，如果速度越快，则赚钱越多，要求尽可能多赚钱。每人都有两条路线可选，一条是个人专用线，另一条是两人共同的近道线，但道近路窄，一次只能通行一辆车，因此使用这条近而窄的道路只有一种办法：双方合作交替使用。研究的设计明确告诉被试，即使交替使用单行线，也必须要有一点等待时间，但走单行道远比启用个人专线经济、有效。实验最后以被试起点至终点的运营速度记分，分数越高越好。

　　实验的结果表明，双方都不愿意合作，狭路相逢，僵持不下的情况时有发生，虽然在实验中也会偶有合作，但大多数都是竞争的结果。当实验者要求被试阐明宁可投入竞争也不愿选择合作的理由时，大多数被试表示自己希望战胜其他竞争者，他们并不重视自己在实验中的得分多少，即使得分少也宁可去竞争，胜过他人，实现自我价值。这一实验证实了人们心理上倾向竞争的论断。

　　研究还表明个体之间的竞争与群体之间的竞争有很大区别。在群体竞争的条件下，群体内成员的工作是相互支持的，共同活动的目的指向性很强，彼此交流及时，相互理解和友好，提高单位时间内的效率。在个人竞争的条件下，多数人只关心自己的工作，相互不够支持。

第 **22** 课 > 职业压力与职业适应

压力之下，强者的脊梁更加坚硬。

生活中，不少人畏惧压力、逃避压力。其实，压力也是一种动力。俗谚说"人无压力不成才"。正视压力、与压力共处，正是强者的选择。压力在前，怨天尤人，绕道而行，你的人生境界似井底之蛙；负重之下，变压力为动力，逆流而上，幸福将不期而至。压力，也是上天的赠予，它可谓强者与弱者的试金石。

（摘自《世界上最经典的哲学故事》星汉 编著）

受苦的人，没有悲观的权利。

——尼采

当面临逆境时，你该如何反应？你是胡萝卜、鸡蛋、还是咖啡豆？人生面临很多压力，我们在勇敢面对压力、解决压力的同时，也要学会舒缓压力。让我们面对更多的挑战，获得更多成功。

心理故事

"胡萝卜、鸡蛋、咖啡"

一个女儿对父亲抱怨她的生活，抱怨事事都那么艰难。她的父亲是位厨师。他把她带进厨房。他先往三只锅里倒入一些水，然后把它们放在旺火上烧。不久锅里的水烧开了。他往第一只锅里放些胡萝卜，第二只锅里放只鸡蛋，最后一只锅里放入碾成粉末状的咖啡豆。

大约 20 分钟后，父亲把火关了，把胡萝卜、鸡蛋、咖啡分别放在三个碗中，然后问女儿："亲爱的，你看见什么了？""胡萝卜、鸡蛋、咖啡。"她回答。

父亲让女儿用手摸摸胡萝卜、鸡蛋，最后喝了咖啡。女儿问父亲："这意味着什么？"父亲解释说，这三样东西面临同样的逆境——煮沸的开水，但其反应各不相同。胡萝卜入锅之前是强壮的、结实的，毫不示弱，但进了开水之后，它变软了，变弱了。鸡蛋原来是易碎的，它薄薄的外壳保护着它呈液体的内脏，但是经开水一煮，它的内脏变硬了。而粉状咖啡豆则很独特，进入沸水后，它倒是改变了水。"哪个是你呢？"父亲问女儿。

一、什么是压力

从心理学的角度来说，**压力是自己生理或心理的因素，当一个人受到内在或外在刺激时所产生的一种紧张或不平衡的状态。** 心理学所说的压力是我们能够经历和体验到的压力，即人的内心冲突和与其伴随的强烈情绪体验。也可以说，是各种心理冲突和挫折及其导致的一系列消极情绪。

压力主要有以下几种：

（1）**一般单一性生活压力**

在生活的某一时间阶段内，经历某种事件并努力适应，而且其强度不足以使我们崩溃，我们称这类压力为一般单一性生活压力。 单一性生活压力后效往往是正面的，大多有利于人们应对未来的压力。

（2）**叠加性压力**

在同一时间内有若干可构成压力的事件发生，此时所体验的压力称同时叠加压力。 有两个以上能构成压力的事件相继发生，前者产生的压力效应尚未消除，后继的压力又已发生，此时所体验的压力称继时叠加压力。

（3）**破坏性压力**

又称极端压力，包括战争、大地震、空难，以及被攻击、绑架、强暴等。 破坏性压力的后果可能会导致创伤后压力失调、灾难症候群、创伤后压力综合征等。在强烈的压力经历过去后一段时间才出现的压力反应，是一种延缓压力反应，常见如情绪沮丧、易激惹、闪回、噩梦、注意力难以集中以及人际关系疏远等。灾难症候群指强大自然灾害后的心理反应，可分为惊吓期、恢复期及康复等三个阶段。

如何对待、理解和处理压力源，受到人格特征的影响。外控型人格认为个人生活的主导力量是外力，自己是无能为力的。内控型人格认为生活中发生的事情根源都在自身，可以通过自身的努力去改变，适应。

每个人对压力有不同的回应，某些事情对一些人是一种压力，但对别的人却是一种乐趣。在各种职业中也有很多压力，我们称为职业压力。

二、职业压力

职业压力是指职业环境中的威胁性刺激的持续作用而引起的个体的一系列心理、生理和行为紧张状态。 职业压力又叫职业应激、工作应激或工作压力。

那么我们如何缓解工作压力呢？

（1）**正确认识压力**

生活在如今的社会，有压力是正常的。每个人在社会中扮演不同的角色，担负着不同的责

任，从而面对着各方的压力，这种对生活负责任而产生的压力是我们应该面对的，这会使我们的生活更加丰富多彩，我们没有必要去排除。

（2）主动释放压力

当我们感到压力太大时，应当主动寻找正确的途径去释放压力。我们可以找最知心的朋友、同学、亲人或者陌生人诉说。通过他们把我们心中的郁闷和压力全都释放出来，或许你还能从中得到你想要的答案和结果。我们也可以把过多的压力当作垃圾来处理，把它打包丢进山谷，丢进大海，丢到看不到的地方，努力尝试着放下，或许生活会更加快乐幸福和谐。

（3）转移注意力

如果你不愿意向别人诉说，还可以通过转移注意力来缓解自己的压力。把我们的思想暂时转换到别的地方，到你喜欢的地方，做你喜欢做的事情，比如唱歌、跳舞、写作、绘画等。多参加一些文娱和体育活动，增加自己多方面的兴趣，调整自己的情绪，以豁达的心情面对现实，乐而忘忧。

（4）换位思考，重新认识

其实生活中很多压力都是我们自己带来的，也许别人无意使用的一个字眼、无意的一种行为、无意的一个眼神，在我们太过激烈的思想中被曲解，继而给自己带来了不必要的心理压力。我们是否想过换位思考，站在对方的立场上去考虑问题，用一点心思去深入地想一下对方的思想，去重新理清整个事情的起因，也许在你认为是恶意的东西只不过是过眼云烟，又何必去在意呢？

（5）重新评价

这是只对自己或客观事物而言，当需求与可能之间发生矛盾时，必然要有所取舍，若事与愿违就要进行重新评价，不能期望值太高更不能盲目追求，急躁从事，在受到困扰时可以暂时避开，在心平气和时再思考，不要钻牛角尖。

（6）增强信心，提高压力的承受能力

这也许是我们最应该去尝试的方法。我们应当加强意志和魄力的训练，不断培养自己不畏强手、敢于拼搏的精神。

三、职业适应

适应是有机体对环境变化做出的反应。**职业适应性是指一个人从事某项工作时必须具备的生理、心理素质特征。它是在先天因素和后天环境相互作用的基础上形成和发展起来的。** 对于一直生活在校园环境中的学生，毕业后进入社会，环境适应能力的强弱直接影响他的未来的发展。

一般来说职业适应中遇到的问题有三种：

（1）心理适应

是一个人职业适应中首先遇到的问题。根据社会调查的结果，这种适应中出现的心理问题主要表现为怀旧、依赖、自傲、自卑、浮躁、孤独等。

（2）生理适应

环境改变、角色转换会使人有短暂的生理上的不适应，主要是对工作时间、劳动强度以及紧张程度的生理不适应等。

（3）岗位适应

即对职业岗位的性质、特点的适应，对岗位要求的适应，包括对劳动制度、岗位规范等的适应。

要实现职业适应，可以从以下方面做起：

（1）**调整心理状态，适应职业发展**

❶ 保持良好的心态；❷ 尽快摆脱依赖心理；❸ 树立充分的自信；❹ 学会适当的忍耐；❺ 让自己更加理性。

（2）**调整生理状态，适应工作环境**

❶ 调整生理规律；❷ 学会自己照顾自己。

（3）**调整生活状态，适应岗位需要**

❶ 让生活紧张起来；❷ 建立和谐关系。

（4）**完善智能结构，适应技能需求**

❶ 学会在工作中学习；❷ 树立创新意识；❸ 善于从小事和基层做起。

在职业适应中要注意以下的细节：

（1）**讲究职场礼仪**

❶ 学会与人沟通；❷ 主动展现热情的个性；❸ 抱着学习的态度；❹ 肯吃苦和吃亏。

（2）**加强交流与沟通**

（3）**从小事做起**

❶ 做好每一件小事；❷ 独立做好分内工作。

（4）**遵守单位的规定**

❶ 不越雷池半步；❷ 不妄加评论单位的制度和规定；❸ 了解单位的"潜规则"。

（5）**注意生活细节**

❶ 避免太书生气；❷ 不要轻易向同事借钱。

心理知识

压力管理

压力管理主要是两个方面的管理，一是压力源造成的事情本身的处理；二是压力造成的反应的处理，主要是情绪、心理等方面的调节。

首先，分清压力源，认清压力事件的性质，理性分析压力事件的来龙去脉。如你演讲失败了，请考虑以下几个问题并做出回答："是我准备不充分吗？""是我缺乏经验吗？""我的声誉会受到影响吗？""我会被退学吗？""我的老师会认为我无能吗？""我的父母会因此不喜欢我吗？"经过分析会发现，演讲失败并不是糟糕至极的事情。所以，要理性分析压力产生的原因，可以减少对压力的过度反应。

其次，寻找社会支持，多与人进行交流。一群你可以依靠、能给你鼓励和安慰的人，构成了社会支持系统。通过亲近他人这个过程，减少压力引起的不适。

最后，要认清并接受情绪经验的发生，获得放松的方法。当一个人在沉思、冥想或从事缓慢的松弛活动时，如肌肉松弛训练、瑜伽、打坐等，在体内会产生一种宁静气息，使得心跳、血压及肺部氧气的消耗降低，从而使身体各器官得到休息，从而缓解压力。

减少压力的五种方法：

❶ 一次只担心一件事情；

❷ 不管多忙，锻炼身体；

❸ 放慢说话的速度；

❹ 彻底放松一天；

❺ 至少记住当天发生的一件美好的事情；

❻ 学会拒绝，适时说"不"。

心理体验

性格和压力测试

测试导语：以下各题，你只需回答"是"或"否"。请以你第一反应作答。

测试开始

1	你一向准时赴约。
2	和你配偶或朋友比，你更容易和同事沟通。
3	你觉得周六早晨比周日傍晚更容易放松。
4	你无所事事时，感觉比忙着工作时自在。
5	安排业余活动室，你向来都很谨慎。
6	当你处在等待状态时，常常感觉很懊恼。
7	你多数娱乐活动都和同事一起进行。
8	你的配偶或朋友认为你随和，易相处。
9	某位同事让你感觉很积极很进取。
10	运动时你常想改进技巧，多赢得胜利。
11	处于压力之下，你仍会仔细弄清每件事的真相，才能做出决定。
12	旅行前，你会做好行程表的每一个步骤，而当计划必须改变时，会感觉不自在。
13	你喜欢在酒会上与人闲谈。
14	你喜欢闷头工作以躲避人际关系。
15	你交的朋友多半属于同一行业。
16	当你生病时，你会将工作带到床上。

17	平时的阅读物多半和工作相关。
18	和同事相比，你花更多时间在工作上。
19	你在社交场合也是三句不离本行。
20	你在休息日也会焦躁不安。

计分标准

4、8、13题回答"否"得1分，其他题答"是"得1分。请统计总分。

结果分析

12～20分：A型性格。喜欢过度竞争，喜欢寻求升迁与成就感；在言谈中过多强调关键词汇，往往越说越快，并且加重最后几个词；喜欢追求各种不明确的目标；全神贯注于截止期限，憎恨延迟，缺乏耐心；放松心情时会产生罪恶感。

0～9分：B型性格。精神轻松自在而且思维缜密，工作之外拥有广泛兴趣，倾向于从容漫步，充满耐心而且肯花时间考虑一个决定。

10～11分：介于两种性格之间。

心理评析

A型性格较B型性格，对压力更敏感，也比较容易过激，对压力的心理承受能力较差一些。因此A型性格的人要避免陷入焦躁状态，不要被突发事件扰乱阵脚，更不要时刻让自己处于紧张状态。

心理活动

走访企业

1. 活动目的

（1）通过走访企业的任务，培养学生职业意识。

（2）让学生感受压力、认识压力，并能在压力下调整个人情绪完成任务。

（3）让学生了解本专业的市场情况，并对未来职业岗位，职业环境有初步的认识。

2. 活动任务

通过走访企业、采访员工、上网收集、资料采集等方式，了解职业的行业（企业）背景、地位、前景、成功人士，岗位的素质要求、证书要求、工作内容、待遇、晋升、优缺点、就业状况等情况，并制作PPT向全班展示介绍。

3. 活动准备

分组并确定要采访了解的企业与职业岗位；

通过上网收集、资料采集等方式，对采访对象有初步的了解；

电话预约；

明确采访目的，确定采访内容，制订采访问卷；

采访前的准备；

PPT 的制作；

解说词的准备；

人员分工及排练。

4. 活动记录

（1）分组并确定要采访了解的企业与职业岗位。

组　名
组　长
组员名单
企业及职业岗位　　　1）＿＿＿＿＿＿　　　2）＿＿＿＿＿＿　　3）＿＿＿＿＿

（2）通过上网收集，资料采集等方式，对采访对象有初步的了解。

项　　目	内　　容
企业背景	
企业前景	
成功人士	
就业状况	
岗位优缺点	
其　　他	

（3）电话预约。

企　业	时　间	地　点	采访职业岗位

（4）明确采访目的，确定采访内容，制订采访问卷。

采访内容	采访问题
素质要求	
证书要求	
工作内容	
工作待遇	
晋升条件	
其　　他	

（5）采访前的准备。

项　　目	内　　容
物品准备	
仪表准备	
心理准备	
礼仪准备	
安全注意事项	
小组公约准备	
其　　他	

（6）PPT 的制作及解说词的准备。

页面	内　　容	细　　节	解　　说
1			
2			
3			
4			
5			
6			
7			
8			

（7）评价标准。

考核项目	评价指标	分值	其他小组评分	教师评分
准备工作	1. 采访内容齐全	20		
	2. 准备细节详细	20		
	3. 问卷制作合理	10		
成果展示	1. PPT 简洁易懂	20		
	2. 解说清晰流畅	20		
体会反馈	1. 活动后的感悟	10		
总　　分		100		

（8）分享与提升。

发现闪光点

有益的补充

压力连连看

每个人每天都面对着不同的压力，大家是怎样解决的呢？让我们大家来分享一下吧。

目的：

（1）大家都会面临压力。

（2）分享大家解决压力的办法。

时间： 30分钟。

地点： 课室。

道具： 纸、彩笔、奖品、小红花。

过程：

全班围成一个圈，大家用彩笔写下面对的压力，举在胸前让大家都能看到；

大家寻找与自己压力相同的同学，并把如何解决压力的方法写在大纸上，贴到教室指定的位置；

活动结束后，请各位同学评选最佳解决办法；

最后教师总结，颁奖。

规则：

（1）大家在座位上写好面对的压力；

（2）在解决办法后面写上自己的名字；

（3）每位同学只能选择一个最佳解决办法，得票最多获奖。

拓展阅读

解压做做看

下面提供一些减少压力的方法，不妨结合自身实际做做看。

当面对繁重压力时，打个盹儿。打盹被认为是减少和预防压力最有效的方法之一。

服从你的情绪，如果你感到愤怒、厌烦或困惑，承认你的感觉。压抑你的情绪会使你压力增加。

从压力情境中暂时抽离，短暂地休息一下，做一些小而有建设性的事情。

请同学、老师或朋友帮助你处理令人倍感压力的任务。

高强度地集中注意力于阅读、上网、运动或某个消遣上。和通常以为的相反，集中注意力是减少压力的关键。

在家里某个安静的角落，每天都花一点时间什么都不干。

停下来闻一闻花香，和小孩或老人交朋友，或逗逗小猫小狗。

努力把工作做好，但不是非要做得完美。

找一些好笑的事情——卡通、电影、电视节目、笑话。

尽量减少含咖啡因或酒精的饮料，用果汁和水代替。

心灵感悟

1. 在"走访企业"活动中有什么收获与感想？

_____

2. 在"走访企业"活动中面临哪些压力？

_____

3. 你是如何降低和适应这些压力的？

_____

心理实验

神奇的"莫扎特效应"

1993 年，加利福尼亚大学欧文分校的戈登·肖教授进行了一项实验。他们让大学生在听完莫扎特的《双钢琴奏鸣曲》后马上进行空间推理的测验，结果发现大学生们的空间推理能力发生了明显的提高。他们将这种现象称作"莫扎特效应"。

"莫扎特效应"启发人们从多个角度思考促进脑功能发展的途径和方法，并使人们日益认识到欣赏音乐等传统上被视为"休闲"的活动在脑的潜力开发中可能具有一定的价值。

音乐具有神奇的力量。科学家们发现，当人听到欧洲 18 世纪的巴洛克音乐时，心跳、脑电波、脉搏等会逐渐与音乐的节奏同步，从而变得缓慢和协调；血压也会相应地下降——这时，整个人会有一种轻松舒畅的感受。同时，实验证据也表明，如果经常聆听巴洛克音乐，对人的身心健康有很大的帮助，特别是对一些心因性疾病，如高血压、心脏病、失眠、糖尿病等，有非常好的预防和缓解的作用。

在戈登教授发现了"莫扎特效应"以后，他们又对小学生进行了类似的实验。让一组小学生在进行钢琴训练后玩一个有关比例和分数的数学电子游戏；另一组小学生则在英语训练后再玩游戏，结果发现，进行钢琴训练的小学生的游戏成绩比进行英语训练的高出了 15%。如今，研究者们发现，音乐不仅对小学生分数、百分比运算能力、空间—时间推理能力有一定促进作用，而且对阅读理解、言语记忆等心理能力也有着重要的影响。

一些科学家认为，音乐欣赏包含了空间知觉和空间推理能力，这是数学能力的重要组成部分。音乐欣赏能够强化人脑中潜在的神经结构，从而提高相应的数学能力——就像肌肉训练能够强化人的运动能力一样。另一些科学家则认为，音乐可能更多地和我们的右脑活动相关，如果有意识地加强音乐训练，就相应地能够促进右脑的活动，从而提高工作效率。

音乐的魔力还不止于此。医生们常常发现，患有帕金森氏综合征的患者行动和反应都很迟缓，但是在听音乐，甚至在头脑中想音乐时，也可能会奇迹般地恢复一些功能，当音乐一停止又会变得寸步难行。这说明，尽管"莫扎特效应"等发现还有待进一步科学研究的确认，但音乐在脑功能促进方面的神奇力量已经逐渐引起了人们的重视。对失去了意愿和行动之间联系的病人而言，音乐有可能使中断的"链条"重新连接起来。

第 23 课 > 就业与创业

工作是人们要用生命去做的事

一个人对工作的态度是他志向的表示。所以，了解一个人的工作态度，就是了解了那个人对生命的态度。

（摘自《快乐工作》 宋晓明 编译）

工作是一个施展自己才能的舞台。我们寒窗苦读来的知识，我们的应变力，我们的决断力，我们的适应力以及我们的协调能力都将在这样的一个舞台上得到展示。除了工作，没有哪项活动能提供如此高度的充实自我、表达自我的机会，以及如强烈的个人使命感和一种活着的理由。工作的质量往往决定生活的质量。

——约翰·洛克菲勒

心理故事

人为什么要工作

有一位私人医生，他的医术很高，因此患者非常多。他从早到晚拼命地工作，非常劳累。他的朋友不忍心看他这么辛苦，劝他多休息。但他说："我之所以这么拼命，是因为我打算奋斗20年，然后再也不工作，每天去海边冲浪、钓鱼。"

果然，20年之后，他已赚了很大一笔钱，宣布退休，去海边买了一座漂亮的别墅，真的去过每天冲浪、钓鱼的逍遥日子了。

出人意料的是，一年后，他又回到原来的地方继续工作了。朋友们都很奇怪，这位医生诚实地说："每天冲浪、钓鱼，连续一个月就烦了，没有工作形同坐牢。每天就只剩下吃饭和玩乐，感觉自己像在等死一样，太可怕了。"

一、就业与创业

工作有两种途径：**一种途径是就业，**是指具有劳动能力的公民在法定劳动年龄内，依法从事某种有报酬或劳动收入的社会活动。**另一种途径是创业，**就是创业者对自己拥有的资源或通过努力能够拥有的资源进行优化整合，从而创造出更大经济或社会价值的过程。我们要了解这两种途径，并选择适合自己的途径去充实自己的职业生涯。

二、就业能力

一个人想要顺利地找到工作，在工作中做出成绩，就必须具备一定的就业能力。就业能力是指从事某种职业所需要的能力。一个人想要顺利地找到工作，在工作中做出成绩，就必须具备一定的就业能力。

就业能力包括一般就业能力和特殊就业能力。

（1）一般就业能力

一般就业能力主要包括：

❶ 一个人的态度、世界观、价值观、习惯；

❷ 与工作有关的一些能力，主要是指处理与周围的人和工作环境的关系的能力，如怎样进行工作、如何与人相处等；

❸ 自我管理能力，如决策能力、对现实的理解能力、对现实资源的利用能力，以及有关自我方面的一些知识，对学校所学课程与工作中具体运用之间的关系的理解能力。

（2）特殊就业能力

特殊就业能力是指某个职业所需的特殊技能和环境所需的某种特殊技能，如一个会计必须具备较好的数学功底，护士需要某种特殊的护理技能，美术工作者必须具备色调感、浓度感、线条感和形象感等。

一般就业能力和特殊就业能力在职业活动中都很重要。要成功地从事某种职业，常常需要一般就业能力和特殊就业能力的有机配合。如果一个人只有一般就业能力而无特殊就业能力是很难胜任某种职业的，一个不精通医术的大夫又如何能给病人治病呢？同样，只有特殊就业能力而无一般就业能力的人也是很难在事业上取得成功的，一个缺乏团结协作、全心全意为人民服务的精神，缺乏事业心和责任感的人，纵使有多娴熟的职业技术，最终也会成为职业的失败者。

在现实生活中，一般就业能力更为重要。这是因为：

❶ 社会在发展，科学技术的更新在加快，一般就业能力强的人能更好地适应社会，在掌握新知识、更新技术方面更具主动性与积极性。

❷ 从事某种职业必须具备这种职业所需要的特殊就业能力，因此容易引起个人、学校或单位的足够重视，而一般就业能力由于与工作的关系不是十分明显，因而很少被注意到，而事实上，用人单位越来越看重一般就业能力，许多求职者就是因为一般就业能力不强而未被录用。

❸ 一般就业能力与失业关系密切。许多研究表明，人们失去工作不是因为缺乏特殊就业技能，而是缺乏一般的就业能力。美国一份有关失业的报告说，失业中的 90% 的人不是因为不具备工作所需要的技能，而是因为不能与同事、上司友好相处，或者经常迟到。实际上，这些人失业是因为他们缺乏一般就业能力而不是特殊就业能力。平时我们常说的就业能力通常是指一般就业能力。

心理知识

你应该知道的就业技巧

随着我国就业形势的日趋严峻和市场经济竞争的日臻激烈，对就业者的各种压力势必越来越大，若要在就业竞争中取胜，拥有一定的技巧也是必要的。

（1）要给自己的职业定位。在择业之前，必须要明确自己"想干什么和最擅长于做什么"，整合自身的兴趣、特长、专业或经验，制定两个或两个以上比较适合自己的就业目标。在制定目标时，既不能好高骛远也不要藐视自己，分阶段地进行设定，职位、工资待遇等均应循序渐进。

（2）要多渠道捕捉就业信息。有了目标之后，你就要广泛收集相应的就业信息，尤其是招聘（工）信息，从网络、报刊、广播电视，从职业中介机构、劳动力和人才交流市场，也可托熟人、亲戚朋友、同学，多渠道获取谋职信息，为自己拓宽就业门路奠定基础。

（3）**进行分析对比，锁定岗（职）位**。从就业信息中，选择自己的理想职位，然后按此单位招聘（工）要求，与自己现有的能力条件做比较，认真分析自己能否胜任。

（4）**做好应聘前的必要准备**。锁定了现有的单位与职位，你就得做些必要的应聘准备：

❶ 根据应征岗（职）位写简历，力求语言通俗易懂，内容简明扼要，突出岗（职）位相关的经历、技能和荣誉，以便顺利获得面试机会；

❷ 有计划地向单位预约面试时间，不同单位约见时间间隔2~3天为宜；

❸ 温习应聘职位有关的基础知识和基本技能，巩固一下专业技巧，避免面试或笔试时不知所措，给人留下"滥竽充数"的印象；

❹ 不妨预先托人向锁定单位介绍和推荐自己，尤其当你"年龄、学历、身体状况"等条件不符合招（工）聘要求的情况下，但切忌"过火"，弄巧成拙；

❺ 尽可能地打听到锁定单位历任此岗（职）的人员，向他（她）们讨教一下工作要领和经验，特别是关于面试的；

❻ 通过上网搜索和实际观察来了解和加深应聘职业的形象，并以此强化自己。

（5）**规范面试的容貌、衣着和言行，塑造职业形象**。面试时，需根据应聘职位修饰一番自己的容貌、衣着，俗话说得好："做什么应该像什么。"时常注意你的言行举止，把握每一个细节，它是你综合素质的体现，也是你塑造形象和表现自己的机遇。如进办公室要敲门，看到杂物挡道要摒除，移开椅子要归位，介绍情况和回答问题时要紧扣主题，发表意见和相互交谈时要措辞恰当、多用职业术语等。要充满信心，设法通过你的容貌、衣着打扮、知识能力等多种形式表现自己，让对方感到你很像是从事这类工作的。当你某几个条件不符合招聘要求，但你又是真才实学的，你不妨大胆提出"真金不怕火烧"的实证，让单位征服于事实面前。

（6）**要把单位当成学府，要把工作视为深造**。就业之后，要居安思危，要把单位当成学府，要把工作视为深造，在工作中要不断地培养自己、锻炼自己、提高自己，取同事之长补自己之短，学多种知识、习多种技能，有条件还需考取职业资格证书、职称证书，为自己的晋级、转业和再就业夯实基石。这样你才会"是直木做梁，肩负千斤；是弯木成犁，耕耘大地。"

创业者四大素质

1. 心理素质

心理素质是指创业者的心理条件，包括自我意识、性格、气质、情感等心理构成要素。作为创业者，他的自我意识特征应为自信和自主；他的性格应刚强、坚持、果断和开朗；他的情感应更富有理性色彩。成功的创业者大多是不以物喜，不以己悲。

2. 身体素质

身体素质是指身体健康、体力充沛、精力旺盛、思路敏捷。现代小企业的创业与经营是艰苦而复杂的，创业者工作繁忙、时间长、压力大，如果身体不好，必然力不从心，难以承受创业重任。

3. 知识素质

创业者的知识素质对创业起着举足轻重的作用。**创业者要进行创造性思维，要做出正确决策，必须掌握广博知识，具有一专多能的知识结构。**具体来说，创业者应该具有以下几方面的知识，做到用足、用活政策，依法行事，用法律维护自己的合法权益；了解科学的经营管理知识和方法，提高管理水平；掌握与本行业本企业相关的科学技术知识，依靠科技进步增强竞争能力；具备市场经济方面的知识，如财务会计、市场营销、国际贸易、国际金融等。

4. 能力素质

能力素质创业者至少应具有如下能力：

❶ 创新能力；❷ 分析决策能力；❸ 预见能力；❹ 应变能力；
❺ 用人能力；❻ 组织协调能力；❼ 社交能力；❽ 激励能力。

当然，这并不是要求创业者必须完全具备这些素质才能去创业，但创业者本人要有不断提高自身素质的自觉性和实际行动。提高素质的途径，一靠学习，二靠改造。要想成为一个成功的创业者，就要做一个终身学习者和改造自我者。

哈佛大学拉克教授讲过这样一段话："创业对大多数人而言是一件极具诱惑的事情，同时也是一件极具挑战的事情。不是人人都能成功，也并非想象中那么困难。但任何一个梦想成功的人，倘若他知道创业需要策划、技术及创意的观念，那么成功已离他不远了。"

创业的几个途径

途径一：课堂、图书馆与社团

创业者通过课堂学习能拥有过硬的专业知识，在创业过程中将受益无穷。图书馆通常能找到创业指导方面的报刊和图书，广泛阅读能增加对创业市场的认识。社团活动能锻炼各种综合能力，这是创业者积累经验必不可少的实践过程。

途径二：媒体资讯

纸质媒体中，人才类、经济类媒体是首要选择。例如比较专业的《21世纪人才报》《21世纪经济报道》《IT经理人世界》等。

网络媒体中，管理类、人才类、专业创业类网站是必要选择。例如"中国营销传播网""中华英才网""中华创业网""人才中国网"等。此外，从各地创业中心、创新服务中心、大学生科技园、留学生创业园、科技信息中心、知名的民营企业的网站等都可以学到创业知识。

途径三：与商界人士广泛交流

商业活动无处不在。你可以在你生活的周围，找有创业经验的亲朋好友交流。在他们那里，你将得到最直接的创业技巧与经验，更多的时候这比看书本的收获要多。

途径四：曲线创业

先就业、再创业是时下很多学生的选择。毕业后，由于自己各方面阅历和经验都不够，能够到实体单位锻炼几年，积累一定的知识和经验后再创业也不迟。

途径五：创业实践

真正的创业实践开始于创业意识萌发之时。创业实践是学习创业知识的最好途径。

直接的创业实践学习主要可通过课余、假期在外的兼职打工、试办公司、试申请专利、试办著作权登记、试办商标申请等事项来完成；也可通过举办创意项目活动、创建电子商务网站、谋划书刊出版事宜等多种方式来完成。间接的创业实践学习主要可借助学校举办的某些课程的角色性、情景性模拟参与来完成。

途径六：个人网店

网店之所以成为学生创业热衷的领域，有其天然的优势。除销售范围广、推广成本低、投资成本低外，日益增长的庞大网购消费群让众多学生看好网络购物市场。目前，除了知名的淘宝网、拍拍网和易趣网等大的平台外，不断有新的和更细分的网店平台出现，学生可以自由选择网店创业平台。

心理体验

你具备创业者的素质吗？

测试导语：创业者需要具备资源、技能、知识、关系网、目标等条件，那你现在已经具备创业者的素质了吗？要想知道答案，请做下面的测试。

下面 20 道题每题有五个选项：A. 非常符合；B. 有点符合；C. 不太符合；D. 不符合；E. 很不符合。请根据自己的实际情况，选择最符合你的特征的选项，并在 5 分钟内完成。

测试开始

1	朋友常常征求我的建议。
2	喜欢在竞争中看到自己的良好表现。
3	我有能力设置一个环境，使我在工作时不被打扰。
4	我认为自己是一个理财高手。
5	在工作时，我具有足够的耐心与毅力。
6	我曾经被推举为领导。
7	我曾经为了某个理想而定下两年以上的长期计划。
8	我总是独立承担责任。
9	我总想一定要比别人做得更好。
10	我关心别人的需求。
11	我能在很短的时间内结交很多的朋友。

12	我能自动地完成分配给自己的工作。
13	求学期间，我就开始赚钱了。
14	当我需要别人帮助时，我能充满自信地要求，并能说服别人来帮我。
15	在一个工作或学习的团队中，我被认为是一个受欢迎的人。
16	对于工作或学习来说我总是先要彻底地了解其目标。
17	在与我交往的朋友中，有一群有成就、有智慧、有远见、忠诚稳重的人。
18	我自认为从不固执己见。
19	我喜欢独立完成工作，并做得很好。
20	我可以为赚钱而牺牲个人消遣。

计分标准

选 A 得 5 分，选 B 得 4 分，选 C 得 3 分，选 D 得 2 分，选 E 得 1 分。然后计算总得分（R）。

测试结果

请按照下表所列的规则，根据你的总得分分数（R），找出相应的排名值（P）。如果你的分数高于 63 分，即你的相应的排名值高于 50，那就说明你的创业素质还可以，至少可以肯定你具备创业的潜力。

附：

创业素质常模对照表　　　　　　　　　　P 的单位：%

R	P	R	P	R	P	R	P	R	P	R	P
20	0	35	2	50	18	65	56	80	89	95	99
21	0	36	3	51	18	66	58	81	90	96	99
22	0	37	3	52	21	67	61	82	91	97	99
23	0	38	4	53	24	68	64	83	92	98	99
24	0	39	4	54	26	69	67	84	93	99	99
25	0	40	5	55	28	70	69	85	94	100	100
26	0	41	6	56	31	71	72	86	95		
27	1	42	7	57	33	72	74	87	96		
28	1	43	8	58	36	73	76	88	97		
29	1	44	9	59	39	74	79	89	97		
30	1	45	10	60	42	75	81	90	98		

R	P	R	P	R	P	R	P	R	P	R	P
31	1	46	11	61	44	76	82	91	98		
32	1	47	13	62	47	77	84	92	98		
33	2	48	15	63	50	78	86	93	98		
34	2	49	17	64	55	79	88	94	98		

心理活动

工作的意义

时间：45 分钟。

人数：全体学生。

形式：分组讨论，集体辩论。

目的：

（1）认识工作的内涵；

（2）认识工作对自己的重要性；

（3）准备投身于有意义的工作中去。

道具：A4 纸、大白纸、粗水笔、胶带、电脑及音箱、音乐。

步骤：

（1）学生随机分成两组（正方和反方），每组发一张大白纸分别写出本组的观点。如："社会工作对于每个人来说是否重要"。

序号	讨论问题	同意	不同意
1	有工作可以维持生计		
2	为个人可以得到较好的待遇		
3	可以为社会创造财富		
4	劳动挣来的钱用得踏实，可孝敬父母，自豪		
5	标志着独立生活		
6	父母都疼爱自己的孩子，家长有钱给子女，工作不工作都无所谓		
7	买彩票中大奖，不愁吃不愁喝，就是自在		
8	女孩子将来找个好老公，傍大款，不用去工作		
9	玩股票，赚大钱，想要啥就有啥		

（2）请各组学生陈述自己观点，正反方还可以互相提出质疑，也可以用自己的观点驳倒对方。

（3）教师总结：无论你是穷人或是富人，都要各司其职、各尽其能，认认真真为我们赖以生存的社会做出自己应有的贡献。劳动创造了人，人必须依赖劳动才能维持自身的生存，人也必须通过劳动才能取得自身的发展。另外，通过社会工作，我们还能找到更多的乐趣，获得无尽的快乐，创造美好的生活，才能真正认识到自己存在的价值和意义！

活动评价：

（1）表达清晰、观点明确。

（2）思路敏捷、有理有力、逻辑性强。

拓展阅读

今天工作不努力，明天努力找工作

一天，我站在一家商店的皮鞋专柜前，和受雇于这家商店的一名年轻人聊天。他告诉我说，他在这家商店服务已经7年了，但由于这家公司的老板"目光短浅"，他的工作业绩并未得到赏识，他非常郁闷，但同时，他似乎对自己很有信心："像我这样一个学历不低、年轻有为的小伙子，还愁找不到一个体面而有前途的工作！"

正说着，有位顾客走到他面前，要求看看袜子。这位年轻店员对这名顾客的请求不理不睬，仍在继续向我发牢骚，虽然这位顾客已经显出不耐烦的神情，但他还是不理。最后，等他把话说完了，才转身对那位顾客说："这儿不是袜子专柜。"

那位顾客又问，袜子专柜在什么地方。这位年轻人回答说："你问总服务台好了，他会告诉你怎样找到袜子专柜。"

7年多来，这个内心抑郁可怜的年轻人一直不知道自己为什么没有遇到"伯乐"，没有得到升迁和加薪。

3个月后，当我再次光顾这家商店时，没有再看见那位满腹牢骚的小伙子。商店的另一名店员告诉我，上个月，公司人员调整时，他被解雇了。"当时，他非常费解……"

几个月后，一次偶然的机会，我在一条繁华的商业街上，又碰见了那个小伙子，他心情有些沉重，一改往日的"意气风发"。他说，时下经济不景气，找了几个月都没有找到满意的……

说完后，他匆匆离去，说是要去参加一个面试，虽然工作性质与原来的没有什么不同，薪水也不比原来的高多少，但他还是很珍惜这个面试机会，一定不能迟到。

试想，如果他懂得珍惜原来的工作机会，努力工作，今天就不需要这样努力地去找工作了。

对创业的几点建议

每每谈及创业，许多人常常诉说，没有技术，没有资金，没有经验，没有门路，不知该搞哪一门。其实不然，创业的路径、方法很多，以下几点，希望对每个创业者有所启发。

1. 先做市场调研

没有调查就没有发言权。在确定创业方向之前，如果做些市场调查，就能够大大减少失败的概率，提高成功的可能性。

邓长勇高中毕业后，一直待业在家。一次他偶然看到办出租录音磁带亭的信息，于是他认真地做了一次市场调查，发现这样的出租亭在当地还没有人办。而他们那里经济发展迅速，市区的轿车、出租车很多，而且增加很快，道路建设却一下子跟不上，致使经常塞车。在塞车时间里，司机觉得很无聊，而车载机已经很普及。他觉得出租录音磁带有很大市场潜力。于是在一个交通便利，便于停车的地方开了一个磁带出租亭，兼卖杂志和书报。由于出租手续简便、形式多样（日租、月租、年租），服务热情，他在司机中树立了良好的形象，三个月时间里纯利润达 1.5 万元。后来他在市场调查基础上又在邻近的几个市区设立了磁带出租亭，进行连锁经营。面向塞车的司机出租磁带，市场看起来很小，但是邓长勇就是在这个看起来很小的地方通过市场调查和研究开拓了一个很广阔的市场，获得了比较丰厚的收入。

2. 多看多想多做

有人说，我也进行过调查，发现市场上商品琳琅满目，要什么就有什么。我们想到的项目别人早就想到了，该搞的别人都搞起来了，没有我们的市场了。其实不然。只要是生活，人们就有生活需求，发现这种需要，关键是我们要细心，肯思考。

刘玺家附近有两所学校，有一天他看到两个同学为了一本书争得不可开交，于是突发奇想开了间书屋。开始他把家里原先积累的书拿出来摆到学校门口出租，因为书旧而没有生意。是退还是进？他们硬着头皮按照学生们开列的书单到南京进了 1 000 多元的新书，结果学生发现大多是盗版的，不愿意看。一周之后，刘玺再次去南京进货，这次他成功了。

3. 从细微处入手

没有专业知识，我们干脆从人们的衣食住行开始做起。许多人尤其是老一代经商的人都知道，吃是永恒的需要，这就是永恒的市场，当然就有永恒的生意。人要吃的东西很多，光是这"吃"字就可以做出很多文章来。不光是吃，在人们的其他基本生活需要方面，我们也同样可以做出很多文章来。

4. 发挥专业优势

主动到市场中去，将自己的专业优势或技术优势与人们的需要结合起来，必定能大有作为。

南京某机械厂幼儿园教师田海英因为厂里不景气，不到 40 岁被"内退"了。她是幼儿老师，自然关注幼儿教育问题。她发现她家周围小区中，5 岁以下的小孩就有80 名。她以专业眼光发现了这个市场，决定利用自己原来的专业优势办个家庭幼儿园。她把家里仅有的 1 000 多元存款拿了出来，添置了些小家具、玩具和一部脚踏风琴，贴出招生广告：白天托送，包中午饭，每人每月收费 800 元。第二天就有 15 位家长送小孩来报名，家庭幼儿园就这样办起来了。

5. 做好资金准备

有人认为，创业都需要很多资金。其实，刚开始可以从小的项目、小的产品做起，有些行当只需要很少的资金就可以做。即使自己真的一无所有，从亲朋那里借一些资金是一个可行的办法。

罗小玲下岗在家，为了生计，她只好把家里闲置多年的破缝纫机搬出来，替人缝缝补补。好友登门见她做衣服款式新颖，做工精细，鼓励她开个服装店，好心的姐妹们为她凑足了本钱，而且还张罗着为她租下一间门面，让她当上了小老板。这是朋友提供帮助的例子。万一所有的亲戚朋友都很困难，无法提供帮助，我们自己也可以积累，这个积累本身就是一个创业过程。如果嫌积累太慢，我们可以去银行贷款，只是手续要多点。

心灵感悟

1. 参加"工作的意义"讨论活动的收获与感想：

2. 我的求职简历：

心理实验

霍桑实验

1924—1932 年，以哈佛大学教授 G. E. 梅奥为首的一批学者在美国芝加哥西方电气公司所属的霍桑工厂进行的一系列实验，总称为"霍桑实验"。

1924 年 11 月，霍桑工厂内的研究者在本厂的继电器车间开展了厂房照明条件与生产效率关系的实验研究。研究者预先设想，在一定范围内，生产效率会随照明强度的增加而增加，但实验结果表明，不论增加或减少照明强度都可以提高效率（有两个女工甚至在照明降低到与月光差不多时仍能维持生产的高效率）。随后，研究者又试验不同的工资报酬、福利条件、工作与休息的时间比率等对生产效率的影响，也没有发现预期的效果。

1927 年梅奥等人应邀参与这项工作。从 1927—1932 年，他们以"继电器装配组"和"云母片剥离组"女工为被试，通过改变或控制一系列福利条件重复了照明实验。结果发现，在不同福利条件下，工人始终保持了高产量。研究者从这一事实中意识到，工人参与试验的自豪感极大地激发了其工作热情，促使小组成员滋生出一种高昂的团体精神。这说明职工的士气和群体内的社会心理气氛是影响生产效率的更有效的因素。

在此基础上，梅奥等在 1928—1932 年中，又对厂内 2100 名职工进行了采访，开展了一次涉及面很广的关于士气问题的研究。起初，他们按事先设计的提纲提问，以了解职工对工作、工资、监督等方面的意见，但收效不大。后来的访谈改由职工自由抒发意见。由于采访过程既满足了职工的尊重需要，又为其提供了发泄不满情绪和提合理化建议的机会，结果职工士气高涨，产量大幅度上升。

为了探索群体内人际关系与生产效率之间的联系，研究者在 1931—1932 年间进行了对群体的观察研究。结果发现，正式群体内存在着非正式群体，这种非正式群体内既有无形的压力和自然形成的默契，也有自然的领导人，它约束着每个成员的行为。

在心理学研究的历史上，霍桑实验第一次把工业中的人际关系问题提到首要地位，并且提醒人们在处理管理问题时要注意人的因素，这对管理心理学的形成具有很大的促进作用。梅奥根据霍桑实验，提出了人际关系学说。人际关系学说为西方管理科学和管理工作指出了新的方向。但也有人对霍桑实验提出批评，认为它带有推论的性质，缺乏客观性。研究者没有考虑工人的阶级觉悟、工会的作用以及其他厂外力量对职工态度的影响。

参 考 文 献

[1] 俞国良. 心理健康[M]. 北京：高等教育出版社，2009.

[2] 邹泓，黄才华. 心理健康[M]. 北京：人民教育出版社，2009.

[3] 郭念峰. 心理咨询师（基础知识）[M]. 北京：民族出版社，2005.

[4] 山田大隆. 天才科学家不可思议的灵魂[M]. 日本：PHP 研究所.

[5] 宋晓明. 快乐工作[M]. 北京：北京大学出版社，2005.

[6] 人民教育出版社课程教材研究所职业教育课程教材研究开发中心. 心理健康[M]. 北京：人民教育出版社，2009.

[7] 杨文尧. 职业能力拓展训练[M]. 北京：高等教育出版社，2008.

[8] 陈凯元. 你在为谁工作[M]. 北京：机械工业出版社，2007.

[9] 言于心. 风靡世界 500 强的心理测试题[M]. 武汉：华中科技大学出版社，2011.

[10] 李媛，刘荃. 心理健康训练手册：成功心理素质[M]. 北京：高等教育出版社，2010.

[11] 星汉. 世界上最经典的哲学故事[M]. 北京：中国华侨出版社，2011.

[12] 俞国良，李媛. 心理健康教学参考书[M]. 北京：高等教育出版社，2009.

[13] 丁茂芬. 职业心理素质训练[M]. 北京：清华大学出版社，2010.

[14] 杨敏毅，鞠瑞利. 学校团体心理游戏教程与案例[M]. 上海：上海科学普及出版社，2006.

[15] （美）苏珊·卡罗尔. 青少年小组游戏治疗师手册[M]. 刘梦，等，译. 北京：中国人民大学出版社，2007.

[16] 眼球先生. 想太多 2：幸福一点点[M]. 北京：人民文学出版社，2012.

[17] 周婷. 谈高师教育学学习中记忆策略的培养[J]. 科教导刊，2010（9）.

[18] 孙云晓，张引墨. 藏在书包里的玫瑰——校园性问题访谈实录[M]. 桂林：漓江出版社，2009.

[19] 王东斯. 我的教育叙事故事——如何对待缺乏自控力的学生[EB/OL]. 2011-7-14 [2012-6-25] http://haerbinacxx. 2011. teacher. com. cn/feixueli2011admin/ TeachingIntrospection/TeachingIntrospectionView. aspx?TiID=905.

[20] 朱千. 挫折与应对——增强生命的弹力. [EB/OL]. 2010-11-27 [2012-5-25] http://www. doc88. com/p-99127853576. html.